O ORÇAMENTO DA UNIÃO EUROPEIA

As Perspectivas Financeiras para 2007-2013

MANUEL PORTO

O ORÇAMENTO DA UNIÃO EUROPEIA

As Perspectivas Financeiras para 2007-2013

ALMEDINA

O ORÇAMENTO DA UNIÃO EUROPEIA

As Perspectivas Financeiras para 2007-2013

AUTOR
MANUEL PORTO

EDITOR
EDIÇÕES ALMEDINA. SA
Rua da Estrela, n.º 6
3000-161 Coimbra
Tel.: 239 851 904
Fax: 239 851 901
www.almedina.net
editora@almedina.net

EXECUÇÃO GRÁFICA
G.C. – GRÁFICA DE COIMBRA, LDA.
Palheira – Assafarge
3001-453 Coimbra
producao@graficadecoimbra.pt

Março, 2006

DEPÓSITO LEGAL
239562/06

Os dados e opiniões inseridos na presente publicação
são da exclusiva responsabilidade do(s) seu(s) autores.

Toda a reprodução desta obra, por fotocópia ou outro qualquer processo,
sem prévia autorização escrita do Editor,
é ilícita e passível de procedimento judicial contra o infractor.

SUMÁRIO

1. Caracterização do orçamento 7

2. As funções desempenhadas 9
   2.1. A função de afectação 14
   2.2. A função de estabilização 15
   2.3. A função de redistribuição 16

3. Os princípios (as regras) orçamentais 17
   3.1. Princípio da unicidade (ou do orçamento único) 18
   3.2. Princípio da verdade orçamental 23
   3.3. Princípio da anualidade 24
   3.4. Princípio do equilíbrio 25
   3.5. Princípio da unidade de conta 25
   3.6. Princípio da universalidade (ou do orçamento bruto, ou da não compensação) 27
   3.7. Princípio da não consignação 27
   3.8. Princípio da especificação 28
   3.9. Princípio da boa gestão financeira 29
   3.10. Princípio da transparência 30

4. O procedimento orçamental 31
   4.1. As instituições responsáveis 31
   4.2. As Perspectivas Financeiras 33
   4.3. Os trâmites de elaboração e aprovação do orçamento.... 37
   4.4. O regime de duodécimos 40
   4.5. A execução e o controle orçamentais 41
   4.6. O Tribunal de Contas 42
   4.7. A apreciação das contas e a quitação 44

5. As despesas da União 45
   5.1. Os antecedentes e a situação actual 45
      a) A política agrícola comum (PAC) 48
      b) A política regional 53
      c) Outras políticas e despesas 56

5.2. O novo mapa da União Europeia, com os alargamentos	57
5.3. As Perspectivas Financeiras para 2007-2013	59
a) Os montantes globais propostos	60
b) As prioridades estabelecidas	61
c) O relevo maior ou menor das várias políticas	62
d) A insuficiência geral do orçamento	66
6. As receitas da União	70
6.1. Os antecedentes e a situação actual.................................	70
6.2. Os recursos próprios. Análise crítica	72
6.3. A procura de recursos mais adequados	75
7. O "haver" e o "deve" de cada país	80

O ORÇAMENTO DA UNIÃO EUROPEIA

As Perspectivas Financeiras para 2007-2013[1]

1. CARACTERIZAÇÃO DO ORÇAMENTO

Compreende-se que o orçamento da União Europeia (UE) tenha características que o distingam de um orçamento de um país, por um lado, e, por outro lado, de um orçamento de uma mera organização internacional.

A sua distinção em relação ao orçamento de um país resulta, além de outras circunstâncias (apontadas mais adiante), da sua dimensão, que o impede de prosseguir as funções geralmente atribuídas a um orçamento nacional. Trata-se de ponto que sublinharemos e ilustraremos no número que se segue.

Dadas as características da União Europeia, compreende-se por seu turno que se fosse afastando das características de um orçamento de uma mera organização internacional, sem recursos próprios ou, independentemente disso, sem nenhuma preocupação com a repartição do ónus ou com a ligação dos impostos com que são financiadas as contribuições nacionais à actividade da organização.

Veremos adiante, designadamente, que se compreende que numa organização como a UE se deseje que haja recursos próprios, pelo menos que haja preocupação com a distribuição dos encargos e que se pretenda caminhar, embora reconhecendo-se as difi-

---

[1] O autor agradece a colaboração de José Manuel Quelhas e Filipe Figueiredo

8   *O Orçamento da União Europeia*

culdades, numa linha de identificação do que se paga e de exigência correlativa em relação aos responsáveis comunitários; ou seja, que haja aqui preocupações de equidade e de *accountability* (responsabilizadora e racionalizadora dos recursos).

Estava num quadro puramente intergovernamental o financiamento inicial das Comunidades criadas em 1957 (com início de funcionamento em 1958), a Comunidade Económica Europeia (CEE) e a Comunidade Europeia de Energia Atómica (CEEA)[2].

Curiosamente, era já diferente o caso da Comunidade Europeia do Carvão e do Aço (a CECA), embora criada antes, em 1951 (com início de funcionamento em 1952). Esta, numa linha comunitária, tinha um "recurso próprio" (*prélèvement*), um imposto sobre certas categorias de produtos do carvão e do aço.

Estávamos contudo no domínio da mera intergovernamentalidade na CEE e na CEEA, com a preocupação inicial apenas de se cobrirem as despesas das organizações, sem se cuidar da origem dos recursos. O seu financiamento era feito na íntegra através de contributos nacionais, decididos anualmente pelos Parlamentos respectivos[3]. A autoridade "parlamentar" das Comunidades, a Assembleia Parlamentar, tinha uma intervenção meramente consultiva.

---

[2] Sobre a lógica e a prática de então, mostrando também a evolução depois ocorrida, podem ver-se por exemplo S. Franco *et al.* (1994, pp. 19-47) ou Strasser (1990, pp. 18ss.)

[3] O Tratado de Roma, no número 1 do artigo 200.º, estabelecia todavia como deviam ser repartidas as contribuições financeiras para o orçamento em geral: cabendo 28% a cada um dos países maiores (Alemanha, França e Itália), 7,9% a cada um dos dois seguintes (Bélgica e Países-Baixos) e 0,2% ao Luxemburgo. Curiosamente, era já diferente, sem ter tanto em conta diferenças populacionais (em alguma medida mais a riqueza), a repartição dos encargos com o Fundo Social Europeu: cabendo contribuições maiores e iguais apenas à Alemanha e à França, de 32%, 20% à Itália, 8,8% à Bélgica, 7% aos Países--Baixos e também 0,2% ao Luxemburgo.

Havia pois, em ambos os casos, uma preocupação de "justiça" na repartição entre os países...

Trata-se de uma filosofia, de não ligação dos impostos proporcionadores das receitas à actividade desenvolvida pelas Comunidades, que tem vindo a pretender-se mudar; sem dúvida sem o êxito desejável.

Foi de qualquer modo muito significativo o estabelecimento de "recursos próprios", a partir de 1970 (após os acordos do Luxemburgo), apesar das críticas de que são passíveis alguns ou todos eles, como veremos.

2. AS FUNÇÕES DESEMPENHADAS

Como se sabe, na distinção consagrada, que remonta a Richard Musgrave[4], um orçamento estadual pode ou deve desempenhar três funções: de afectação (*allocation*) de recursos, de estabilização das economias e de redistribuição do rendimento e da riqueza.

Ainda que tal fosse desejado, acontece que duas destas funções não devem ou não podem mesmo ser desempenhadas em nenhuma medida relevante pelo orçamento da União Europeia.

Assim acontece desde logo por razões de princípio, apontando para que não seja possível ou desejável que todas ou algumas delas sejam desempenhadas no âmbito comunitário: razões de índoles institucional, política e económica.

No plano institucional, está em causa saber quais são os limites possíveis da intervenção da União. Não podendo entrar aqui nesta temática, objecto de análise noutra ou noutras disciplinas, é de recordar que nas revisões dos Tratados se vem reforçando o princípio da subsidiariedade, de acordo com o qual só pode passar para o âmbito comunitário o que não possa ser melhor desempenhado num âmbito mais próximo dos cidadãos, no âmbito nacional ou mesmo nos âmbitos regional e local. Estando já na mente dos

---

[4] Já no seu manual de 1959 e mais recentemente em co-autoria com Peggy Musgrave (1989).

"Pais Fundadores"[5], foi considerado expressamente através do Acto Único Europeu, no articulado da política de ambiente (no número 1 do artigo 130.º-R) e em termos gerais com o Tratado de Maastricht, através do actual artigo 5.º do Tratado da Comunidade Europeia (TCE).

É pois claro que continuarão nestes âmbitos várias e importantíssimas políticas de afectação de recursos, bem como ainda por exemplo as políticas sociais de redistribuição (a questão da passagem para o âmbito comunitário nunca se levantou ou levantará, sequer como hipótese, em relação à função de estabilização, agora aliás com contornos novos, com grandes limitações mesmo no plano nacional, como veremos adiante).

A tendência tem vindo a ser inclusivamente no sentido de haver uma afirmação maior e um controle maior do respeito pelo princípio da subsidiariedade,[6] alvo já da apreciação do Tribunal de Justiça das Comunidades.

---

[5] Sobre a evolução verificada podem ver-se, na nossa literatura, Quadros (1995 e 2004, pp. 102-4 e 107-11), Duarte (2000), M. O. Martins (2003, pp. 91--325), A. G. Martins (2004, pp. 76-7 e 256-9), Gorjão-Henriques (2005, pp. 229--32) ou Camisão e Lobo-Fernandes (2005, pp. 80-3).

[6] Assim acontecerá (aconteceria) com o Tratado Constitucional, sem que tenha havido objecções a este propósito, pelo contrário.

Nos termos do número i do artigo I-11.º, "o exercício das competências da União rege-se pelos princípios da subsidiariedade e da proporcionalidade", com concretização no número 3 do mesmo artigo: "Em virtude do princípio da subsidiariedade, nos domínios que não sejam da sua competência exclusiva, a União intervém apenas se e na medida em que os objectivos da acção considerada não possam ser suficientemente alcançados pelos Estados-Membros, tanto ao nível central como ao nível regional e local, podendo contudo, devido às dimensões ou aos efeitos da acção considerada, ser melhor alcançados ao nível da União".

Um controle maior, incluindo o controle pelos Parlamentos nacionais, será conseguido nos termos de dois protocolos anexos ao Tratado: um *Protocolo Relativo ao Papel dos Parlamentos Nacionais na União Europeia* e um *Protocolo Relativo à Aplicação dos Princípios da Subsidiariedade e da Proporcionalidade*. De acordo com eles, "a Comissão envia os seus projectos de actos legislativos europeus e os seus projectos alterados aos Parlamentos nacionais, ao mesmo tempo que ao legislador da União"(artigos 1.º do primeiro destes

As funções desempenhadas 11

Justifica-se por consequência que não seja muito grande o orçamento da União.

Numa linha mais política, ou político-institucional, e sem dúvida de grande relevo, é de sublinhar a maior aceitabilidade do projecto de construção europeia tratando-se de um projecto que está muito longe de apagar ou diminuir sensivelmente o papel dos Estados (a muitos propósitos consegue-se, pelo contrário, que seja assim aumentado). Com a tradição e a força de muitos dos Estados nacionais, trata-se de um projecto que, se tal acontecesse, em muitos países não seria aceite pela generalidade da população.

No plano da ciência económica, por seu turno, está em causa o problema da máxima racionalidade na utilização dos recursos. Mesmo admitindo que não houvesse limitações orçamentais, a teoria, corroborada com a experiência conhecida, é bem clara mostrando que se consegue descentralizadamente uma racionalidade maior, com um conhecimento mais próximo dos problemas e dos recursos, uma flexibilidade maior, uma maior concorrência e um maior empenhamento, com a participação de um número muitíssimo maior de cidadãos. Assim acontece no plano nacional[7] e naturalmente também, mesmo por maioria de razão, no plano internacional.

Protocolos e 4.º do segundo); projectos que "são fundamentados relativamente aos princípios da subsidiariedade e da proporcionalidade" (artigo 5.º do segundo dos Protocolos). Qualquer Parlamento nacional pode depois, "no prazo de seis meses a contar da data de envio de um projecto de acto legislativo, dirigir aos Presidentes do Parlamento Europeu, do Conselho e da Comissão um parecer fundamentado em que exponha as razões pelas quais considera que o projecto em questão não obedece ao princípio da subsidiariedade" (artigo 6.º do segundo protocolo referido), parecer que é tido "em conta" pelas instituições da União Europeia (artigo 7.º do mesmo protocolo).

Estabelece-se além disso expressamente que o Tribunal de Justiça será "competente para conhecer dos recursos com fundamento em violação, por um acto legislativo europeu, do princípio da subsidiariedade" (artigo 8.º).

[7] Por todos podem ver-se já Stigler (1957), Oates (1972), Gaspar e Antunes (1986) ou mais recentemente Pereira *et al.* (2005, pp. 301-34).

Razões de índoles institucional, política e económica apontam pois para que não deva ser muito grande a intervenção no âmbito comunitário, o que deverá reflectir-se naturalmente na dimensão do seu orçamento.[8]

Sendo de facto assim, veremos todavia adiante que está a exagerar-se, por "parcimónia" ou como consequência de egoísmos nacionais, em relação à necessidade de intervenção em determinados domínios indispensáveis ao êxito do processo de integração (para além do desequilíbrio injustificável que se verifica com os favorecimentos orçamentais proporcionados pela PAC, a política agrícola comum).

É esta a situação presente, de um orçamento da União com dotações de pagamento[9] que correspondem a menos de 1% do PIB da UE. Trata-se aliás de percentagem que tem vindo a decrescer, sem que, com realismo, possa esperar-se uma alteração significativa

---

[8] Acaba por ser comparativamente muito mais significativa a função *reguladora* das Comunidades (da União Europeia), com uma parte importante da actividade e das legislações nacionais, em vários sectores, a ser determinada e conformada por normas (v.g. regulamentos e directivas) aí aprovadas (cfr. Majone, 1996 ou entre nós Camisão e Lobo-Fernandes, 2005, pp. 44-8). Nas palavras de Laffan e Lindner (2005, p. 194), "the expansion of regulatory policies was an alternative to establishing extensive fiscal resources at EU level, and reflected a view which limited the role of public finance in integration".

[9] Como veremos melhor adiante, no orçamento distinguem-se as "dotações de autorização" das "dotações de pagamento".

No primeiro caso consideram-se as circunstâncias que dão lugar a obrigações de pagamentos, que podem todavia não ter lugar no período orçamental em causa. No segundo caso prevê-se o que deve e pode ser pago de facto neste período, naturalmente verbas em princípio mais baixas.

Nas palavras do *Regulamento Financeiro aplicável ao orçamento geral das Comunidades Europeias* (é o Regulamento (CE, Euratom) n.º 1605/2002 do Conselho, de 25 de Julho de 2002), no seu artigo 7.º, em princípio "as dotações de autorização cobrem o custo total dos compromissos jurídicos subscritos durante o exercício em curso" (número 2) e "as dotações de pagamento cobrem os pagamentos que decorrem da execução dos compromissos jurídicos assumidos durante o exercício e/ou exercícios anteriores" (número 3).

As funções desempenhadas 13

da tendência, conforme ficou eloquentemente documentado na recente discussão das Perspectivas Financeiras para 2007-2013 (concluída no "último minuto", no âmbito do Conselho Europeu, em Bruxelas, a 16 de Dezembro de 2005; acabando por ficar-se muito aquém da já modestíssima proposta inicial da Comissão, apresentada em Fevereiro de 2004[10]). Apesar da rejeição pelo Parlamento Europeu, em 18 de Janeiro de 2006[11], não é de esperar que se vá muito além no acordo inter-institucional que vier a ser conseguido (envolvendo também a Comissão, além do Conselho e do Parlamento), que se chegue sequer ao valor global que o próprio Parlamento votou em Junho de 2004 (mencionado também *infra* no quadro 2, p. 60). Na linha de afirmações de vários deputados, estarão mais em causa algumas das dotações a que se deu preferência, mais concretamente, em alguns casos a sua adequação à prossecução dos objectivos propostos.

Quando vier a ser estabelecido o acordo inter-institucional teremos um quadro de referência que, mesmo com uma revisão intercalar que está prevista, não se alterará sensivelmente até 2013, com implicações inevitáveis nas funções que podem ser desempenhadas com o orçamento da UE.

De nada adiantará discordar dele, achando-o exíguo, mesmo insuficiente, na análise académica que aqui fazemos. Só vale a pena reflectir sobre a realidade que temos diante de nós, a realidade do número referido (ou de algum outro, muito próximo, que vier a ser fixado).

A escassez dos recursos junta-se pois às razões de princípio determinando as funções que podem ser desempenhadas pelo orçamento da União.

---

[10] Por seu turno já criticável, além de outras razões, por essa modéstia (vê-lo-emos adiante, em 5.3).

[11] Com a aprovação de uma Resolução de rejeição que teve 541 votos a favor, 56 votos contra e 76 abstenções (referi-la-emos com mais desenvolvimento *infra*, na nota 70).

2.1. A função de afectação

Mesmo com esta exiguidade, mas sem dúvida na prossecução de objectivos desejáveis, o orçamento da União Europeia tem tido já e poderá continuar a ter uma importante função de afectação (*allocation*), promovendo uma maior racionalização na utilização de todos os recursos de que pode dispor-se.

Pelas razões referidas há pouco, trata-se de função que não deixará nunca de caber igualmente aos Estados e a outras entidades dentro deles, na linha correcta do princípio da subsidiariedade. Mas mesmo sendo assim tem todo o sentido que haja intervenção comunitária, intervenção que está aliás na própria base da justificação económica da formação de espaços (blocos) de integração, face à inevitabilidade e mesmo à desejabilidade do comércio internacional (em geral, da abertura das economias). Os espaços de integração são a única forma de se conseguirem a escala e as economias externas indispensáveis à concretização de projectos competitivos, com benefício para quem está dentro e para quem está fora destes espaços, na lógica do argumento das indústrias e das regiões nascentes[12].

Importa é que, tal como se tem procurado sempre que aconteça, haja uma articulação muito estreita entre a utilização dos recursos da União (no caso da Europa) e a utilização dos recursos dos países. Não se trata apenas de haver adicionalidade nos investimentos comunitários, com relevo maior importa que as medidas apoiadas se integrem em programas devidamente articulados, com as externalidades e as sinergias indispensáveis para que sejam atingidos os objectivos almejados.

---

[12] Com esta justificação pode ver-se Porto (2001, pp. 248-55), bem como o que diremos nestes apontamentos (em 2.3, 5.1 b e 5.2) sobre as despesas estruturais no orçamento da União.

2.2. A função de estabilização

De um orçamento aquém ou pouco além (se assim acontecer) de 1% do PIB da União Europeia não pode naturalmente ser esperado nada para a prossecução de uma política de estabilização: numa linha keynesiana, de luta contra a recessão nas fases negativas dos ciclos e de luta contra a inflação nas fases de expansão[13].

Mas à constatação do valor global das verbas há que acrescer a análise do seu destino, como se ilustrará melhor adiante. Com maior relevo, mais de 45% (45,5% em 2006) das despesas são reservadas a uma política agrícola rígida (a PAC), insensível a questões conjunturais. Dos perto de 32% destinados às políticas estruturais (31,6% em 2006), por seu turno, também não pode esperar-se uma lógica de política anti-cíclica, embora reconhecendo-se o papel de dinamização das economias verificado com os investimentos feitos, em particular com a política regional. Nos demais casos, por exemplo com as políticas de investigação e desenvolvimento ou de cooperação externa, também não se verificam efeitos desta índole, aliás sempre de pequeníssimo significado, dada a exiguidade das verbas envolvidas. E em relação às verbas com a administração acresce ainda a sua incompressibilidade, estando pois também por isso fora de questão qualquer lógica de intervenção conjuntural.

Como última nota, há que ter presente o relevo menor que actualmente é dado, também no plano interno, às políticas de intervenção conjuntural, não só pela via monetária como pela via orçamental.

Num mundo aberto e de grande exigência, pretende-se que as condições de competitividade sejam conseguidas com melhorias significativas do lado da oferta.

É esta a tendência geral, na Europa e no mundo. E na Europa do euro, na *Eurolândia*, além de um país não poder ter políticas monetária e cambial próprias, está determinado que o euro não seja

---

[13] Ver por ex. T. Ribeiro (1997, pp. 426-41), S. Franco (1992 (03), vol. 2, pp. 243-93) ou Pereira *et al.* (2005, pp. 421-61).

16   *O Orçamento da União Europeia*

utilizado em tal sentido, estando os países limitados ainda nas suas políticas orçamentais nacionais com a exigência de cumprimento do Pacto de Estabilidade e Crescimento.[14]

2.3. A função de redistribuição

Por fim, são razões de princípio e de realismo, mais uma vez face à inevitável pequena dimensão do orçamento da UE, que levam a que não possa haver nenhuma ilusão quanto à possibilidade de se ter com ele uma função redistributiva minimamente significativa.

Poderá alguém julgar que desempenham esta função a política regional ou a política social; a primeira, como se disse há pouco, dotada com menos de 32% das verbas do orçamento da União e representando as despesas sociais perto de 10% do total (boa parte delas inseridas todavia nas despesas estruturais).

É preciso notar, porém, que mesmo os referidos 32% não vão além de 0,3% do PIB total, uma "gota de água" num conjunto em que há tão grandes desigualdades entre os espaços e entre as pessoas, muitas delas com graves carências básicas; e, como se disse, boa parte das despesas sociais estão incluídas nas percentagens acabadas de referir.

Não podem pois deixar de ser os orçamentos públicos nacionais, representando mais de 44,5% dos PIB's na União Europeia (considerando-se também os orçamentos da segurança social e das autarquias), a financiar a luta contra estas situações; e uma política

---

[14] Ver por ex. Porto (2004, pp. 342-5 e 352-4). A ausência ou diminuição da intervenção conjuntural na União Europeia está pois, como se sublinhou já, na linha do que tem vindo a acontecer nos planos nacionais. De novo nas palavras de Laffan e Lindner (2005, p. 195), "the view that there could be no strong Community government, with limited financial resources, gained ground in the 1980s, as Keynesian economic policies were discredited in favour of monetarist approaches. The Keynesian economic paradigm privileged the role of budgets in macroeconomic management, whereas monetarist paradigms did not accord a central role of public finance".

Os princípios orçamentais 17

redistributiva deverá utilizar simultaneamente a via das receitas, com uma distribuição tanto quanto possível progressiva dos impostos (pelo menos não muito regressiva...). Com um peso enorme, mantêm-se e manter-se-ão além disso sempre nos âmbitos nacionais os sistemas de segurança social, com um relevo muito especial para o impacto redistributivo das políticas e das medidas de satisfação de carências básicas dos cidadãos (não das receitas).

Neste quadro, tanto o Fundo Europeu de Desenvolvimento Regional (o FEDER) como o Fundo Social Europeu (FSE), acrescidos da componente de Orientação do FEOGA (Fundo Europeu de Orientação e Garantia Agrícola)[15] e do Fundo de Coesão, bem como de outros instrumentos orçamentais, só podem almejar a promoção de melhorias estruturais, conducentes a uma afectação mais eficaz dos recursos da União; não qualquer outro objectivo, designadamente um objectivo de redistribuição, que, com um mínimo de seriedade, exigiria recursos muito mais avultados.

Trata-se de ponto a que voltaremos em 5.1 e em 5.2, vendo como propósitos de melhor afectação dos recursos podem já ser atingidos com cada um dos instrumentos orçamentais referidos.

3. OS PRINCÍPIOS ORÇAMENTAIS

Não se justifica que nos preocupemos a distinguir "princípios" de "regras", com a legislação comunitária (o Regulamento Finan-

---

[15] O Regulamento n.º 1290/2005, de Junho de 2005, veio estabelecer um novo quadro legal para o financiamento da PAC, para o horizonte das Perspectivas Financeiras para 2007-2013.

O FEOGA, com as suas duas secções, Orientação e Garantia, é substituído por dois "novos" fundos: o Fundo Europeu Agrícola de Desenvolvimento Rural (FEADER), dirigido ao segundo pilar da PAC (ver *infra* a nota 55) e o Fundo Europeu Agrícola de Garantia (FEAGA), financiando a "velha" PAC, naturalmente acompanhando a evolução que tem vindo a verificar-se (cfr. A. Cunha, 2005, pp. 165 e 241-2, e *infra* a figura 4, p. 52).

ceiro) a designar como princípios o que costuma designar-se como regras a propósito do orçamento português[16].

São aliás em maior número os princípios (ou regras) consagrados na legislação comunitária, mais concretamente no Regulamento Financeiro (actualmente o Regulamento (CE, Euratom) n.º 1605/2002 do Conselho, de 25 de Junho de 2002, referenciado já na nota 9)[17], em alguns casos concretizando disposições do Tratado da CE.

Justificar-se-á que os consideremos todos nestas lições (fá-lo-emos pela ordem em que estão estabelecidos no Regulamento), embora alguns deles não tenham o mesmo significado substancial. Em alguns casos trata-se mais de afirmações de princípio, com o intuito de se sublinharem e assegurarem os objectivos de transparência e rigor que devem estar na base de um orçamento.

3.1. **Princípio da unicidade (ou do orçamento único)**

Na consagração da regra da unicidade, ou do orçamento único, é já especialmente claro o artigo 268.º do Tratado da CE (antes, da

---

[16] T. Ribeiro no título respectivo (1997, pp. 59-90) menciona quatro regras, da unicidade, da especificação, da não-compensação (universalidade) e da não-consignação, tendo antes (pp. 49-56) mencionado ainda a "regra" da anualidade e preocupando-se depois (pp. 90-103) com o cumprimento do equilíbrio orçamental. Já S. Franco (1992 (03), vol.1, pp. 345-90), além de considerar os princípios ou regras da anualidade e do equilíbrio orçamental, bem como uma regra da publicidade, agrega as regras da unidade e da universalidade (esta, com um sentido diferente do que é dado por T. Ribeiro e que damos nestas lições, em 3.6) numa "regra de plenitude", e as regras da especificação, da não compensação e da não consignação numa "regra de discriminação orçamental". Não deixa todavia de distinguir e caracterizar cada uma das "sub-regras" assim agregadas.

[17] Com as normas de execução estabelecidas pelo Regulamento (CE, Euratom) número 2342/2002 da Comissão, de 22 de Dezembro de 2002 (rectificado através do JO L 162, de 1.7.2003, p. 80). Com a legislação comunitária aplicável pode ver-se Quelhas *et al.* (2006).

O novo Regulamento Financeiro, que entrou em vigor no dia 1 de Junho de 2003, substituíu o "velho" Regulamento de 21 de Dezembro de 1977.

Os princípios orçamentais 19

CEE[18]), reproduzindo aliás o texto do primitivo artigo 199.º, ao dispor que "todas as receitas e despesas da Comunidade, incluindo as relativas ao Fundo Social Europeu, devem ser objecto de previsões para cada exercício orçamental e ser inscritas no orçamento".

Por seu turno o artigo 4.º do Regulamento Financeiro, considerando também as verbas da CEEA (já não da CECA, entretanto extinta, poucos dias depois, no dia 22 de Julho de 2002), dispõe que "o orçamento é o acto em que é previsto e autorizado, para cada exercício, o conjunto das receitas e despesas consideradas necessárias da Comunidade Europeia e da Comunidade Europeia da Energia Atómica".

Era pois uma razão de localização que levava a que o Tratado da CE (da CEE) mencionasse apenas o orçamento desta instituição, e é por outro lado uma razão histórica que leva a que se refira, além da instituição em si, apenas o Fundo Social Europeu: sendo este o único fundo previsto já na versão inicial do Tratado de Roma (no artigo 199.º). Mas não estava excluído que fossem considerados outros fundos, e de facto assim tem vindo a acontecer, com a sua consideração no orçamento desde o momento em que são criados: o FEOGA em Abril de 1962, o FEDER em Março de 1975 e o Fundo de Coesão com o Tratado de Maastricht, em 1992.

Com este Tratado foi instituída a União Europeia, englobando três pilares: o primeiro com as três Comunidades anteriores (a CECA, a CEE e a CEEA), o segundo com a Política Externa e de Segurança Comum (a PESC) e o terceiro com a Justiça e os Assuntos Internos (JAI, mais tarde, com o Tratado de Nice, em 1999, Cooperação Policial e Judiciária em Matéria Penal, CPJMP, face à comunitarização de muitos dos assuntos não penais).

---

[18] Como se sabe, com o Tratado da União Europeia (o Tratado de Maastricht) a palavra *Económica* foi afastada, passando assim a referenciar-se uma instituição que cuida também de muitos outros domínios: a *Comunidade Europeia*, não limitada à área económica, cuidando por exemplo ainda da educação, da cultura ou da saúde pública (sem prejuízo do enorme relevo que a área económica continua a ter). Passámos pois da CEE para a CE.

Podendo pôr-se naturalmente a dúvida em relação ao financiamento e ao enquadramento orçamental dos dois novos pilares, menos ou não comunitários (mais de âmbito inter-governamental, em muito maior medida o pilar da PESC), um novo segundo parágrafo do artigo 268.º do Tratado[19] veio estabelecer que "ficarão a cargo do orçamento" "*as despesas administrativas* ocasionadas às instituições pelas disposições do Tratado da União Europeia relativas à política externa e de segurança comum e à cooperação nos domínios da justiça e dos assuntos internos" (itálico nosso); dispondo exactamente nos mesmos termos a alínea a) do número 2 do artigo 4.º do Regulamento Financeiro (sendo despesas administrativas as que são requeridas pelo funcionamento regular dos serviços).

a) Estes artigos abrem pois assim uma excepção significativa ao princípio da unicidade, dispondo-se no artigo 268.º que "as *despesas operacionais* ocasionadas pela aplicação das referidas disposições" (relativas à PESC e à JAI, ou à CPJMP) "*podem*, nas condições nelas referidas, ficar a cargo do orçamento", e falando-se na disposição do Regulamento Financeiro em "*quando* essas despesas *estiverem* a cargo do orçamento" (também itálicos nossos).

Resulta daqui claramente, falando-se em "podem" ou em "quando estiverem", que há despesas operacionais do segundo e do terceiro pilares que não constam do orçamento, por certo em muito maior medida despesas do segundo pilar, estando-se aqui ainda exclusiva ou quase exclusivamente no plano inter-governamental[20].

Os casos em que assim acontece estão aliás indicados nos artigos 28.º e 41.º do Tratado da União Europeia (TUE).

---

[19] Na redacção inicial, ao primeiro parágrafo (cuja redacção inicial se mantém) seguia-se apenas um parágrafo com a redacção do actual terceiro parágrafo, consagrando o princípio do equilíbrio.

[20] Sintomaticamente, já não se estabelece nenhuma distinção para a CEEA, dispondo-se na alínea b) da mesma disposição que "as despesas e as receitas das Comunidades incluem" "as despesas e as receitas da Comunidade Europeia da Energia Atómica", sem se admitir nenhuma excepção (v.g. para despesas operacionais).

Os princípios orçamentais 21

De acordo com o primeiro, relativo à PESC, não ficarão "a cargo do orçamento das Comunidades Europeias" as despesas operacionais "decorrentes de operações que tenham implicações no domínio militar ou da defesa e nos casos em que o Conselho, deliberando por unanimidade, decida em contrário". Ficarão então "a cargo dos Estados-Membros, de acordo com a chave de repartição baseada no produto nacional bruto, salvo decisão em contrário do Conselho, deliberando por unanimidade". Nos termos ainda da mesma disposição, não serão aliás obrigados "a contribuir" para o financiamento das "despesas decorrentes de operações com implicações no domínio militar ou da defesa os Estados-Membros cujos representantes no Conselho tiverem feito uma declaração formal nos termos do n.º 1, segundo parágrafo, do artigo 23.º"[21].

No que respeita às despesas operacionais nos domínios da cooperação policial e judiciária em matéria penal, dispõe-se no artigo 41.º que "ficarão igualmente a cargo do orçamento das Comunidades Europeias, salvo nos casos em que o Conselho, deliberando por unanimidade, decida em contrário". Não se concretiza pois aqui nenhum caso em que tal deva acontecer. Quando aconteça, "as despesas ficarão a cargo dos Estados-Membros, de acordo com a chave de repartição baseada no produto nacional bruto, salvo decisão em contrário do Conselho, deliberando por unanimidade".

Numa reflexão ligada ao que veremos em 6.2 e 6.3, será de sublinhar que nestas duas categorias de casos se aponta para que os contributos nacionais sejam referenciados aos produtos nacionais

---

[21] Trata-se de declaração que pode acompanhar uma abstenção, não sendo então o Estado "obrigado a aplicar a decisão", mas devendo "reconhecer que ela vincula a União". Acrescenta ainda o artigo que "num espírito de solidariedade mútua, esse Estado-Membro deve abster-se de qualquer actuação susceptível de colidir com a acção da União baseada na referida decisão ou de a dificultar; os Estados-Membros respeitarão a posição daquele". A decisão não será aliás adoptada se, com os votos ponderados, "representarem mais de um terço dos votos" "os membros do Conselho que façam acompanhar a sua abstenção da citada declaração".

Com implicações no domínio orçamental, é pois interessante ver como só muito cautelosamente e com grande respeito por eventuais posições diversas se vai avançando no domínio militar ou da defesa.

brutos, ou seja, tenham em conta as capacidades económicas dos países.

Mas o envolvimento de cada um, concorde-se com isso ou não, está claramente numa lógica diferente da lógica da organização do orçamento de uma União.[22]

b) Um outro caso de não cumprimento do princípio da unicidade é o do Fundo Europeu de Desenvolvimento (FED). Trata-se de um instrumento financeiro de cooperação da CE com países da África, das Caraíbas e do Pacífico (os países ACP), gerido pela Comissão, nos termos de um Regulamento específico.

Fugindo ao orçamento o FED foge também à intervenção e ao controle do Parlamento Europeu, compreendendo-se por isso a reacção negativa que aqui sempre se manifestou; justificada em maior medida por estarem em causa verbas muito significativas, 13,8 milhares de milhões de euros no 9.º FED (para o período de 2000-2005), ao serviço de uma política de grande relevo.

A favor desta situação poderá invocar-se que haverá maior abertura de alguns países a contribuírem estando as intervenções em causa para além do orçamento geral; havendo por isso um acréscimo que não compromete nenhuma das rubricas que têm estado no orçamento.

c) Um terceiro caso de não cumprimento da regra da unicidade verifica-se também desde há muito com o recurso das Comunidades a empréstimos no mercado dos capitais.

Trata-se todavia em vários casos de empréstimos garantidos pelo orçamento da União ou pelo Banco Europeu de Investimento; empréstimos com um volume geral muito significativo, por exemplo de 15,4 milhares de milhões de euros no dia 31 de Dezembro de 2001.

d) Por fim[23], nunca esteve em causa que "fugisse" do orçamento o Banco Europeu de Investimento, apesar de serem seus

---

[22] Referindo casos pontuais podem ver-se Lechantre e Schajer (2004, pp. 19-20)

[23] Com a sua extinção deixou de verificar-se o "não cumprimento" da regra da unicidade com as verbas operacionais da CECA, instituição que em

membros todos e apenas os Estados-membros da Comunidade (artigo 266.º do Tratado da CE, 129.º na redacção de 1957).

Nos termos deste artigo, "goza de personalidade jurídica", tendo (de acordo com o artigo 267.º do Tratado da CE, 130.º no início) "por missão contribuir, recorrendo ao mercado de capitais e utilizando os seus próprios recursos, para o desenvolvimento equilibrado e harmonioso do mercado comum": facilitando, entre outros, projectos "para a valorização das regiões menos desenvolvidas", para a "modernização ou reconversão de empresas" ou "de interesse comum para vários Estados-membros que, pela sua amplitude ou natureza, não possam ser inteiramente financiados pelos diversos meios existentes em cada um" deles.

3.2. Princípio da verdade orçamental

Do mesmo capítulo do Regulamento Financeiro em que vem o princípio da unicidade, estando mencionado em conjunto na sua epígrafe, consta (agora também do artigo 5.º) o princípio da verdade orçamental.

A designação expressa no fundo uma preocupação de garantia do cumprimento de exigências de inscrição no orçamento, estando-se, desta forma, a cumprir também o princípio da especificação, considerado depois nos artigos 21.º e seguintes do Regulamento.

Além do que já se disse, dispõe-se no número 1 do artigo 5.º que "nenhuma receita pode ser cobrada, nem nenhuma despesa efectuada, sem ser por imputação a uma rubrica do orçamento". Depois, numa linha reforçada de garantia da legalidade das coisas, estabelece-se, nas alíneas que se seguem, que nenhuma despesa pode ser autorizada ou processada se for ultrapassado o montante da dotação aprovada, só podendo por seu turno uma dotação ser inscrita se "corresponder a uma despesa considerada necessária".

---

alguma medida (mesmo as suas verbas de funcionamento constavam do orçamento geral desde 1971) tinha orçamento próprio.

3.3. Princípio da anualidade

Trata-se de um outro princípio consagrado no Tratado da CE, dispondo o artigo 271.º que "as despesas inscritas no orçamento são autorizadas para o período de um ano financeiro" e o artigo 272.º que "o ano financeiro tem início em 1 de Janeiro e termina em 31 de Dezembro", bem como naturalmente no Regulamento Financeiro, no artigo 6.º.[24]

Temos pois um orçamento cujo período de execução corresponde ao ano civil.

Sabe-se que há orçamentos estaduais, designadamente de países da União Europeia (Reino Unido e Suécia), com os quais assim não acontece, não tendo a execução dos seus orçamentos início no dia 1 de Janeiro e fim no dia 31 de Dezembro.

Há todavia razões que podem apontar neste sentido[25], sendo esta, além disso, a cadência normal da vida, em geral, na Europa e fora dela, festejando-se as "entradas nos anos" nas noites de 31 de Dezembro para 1 de Janeiro[26]. E à medida em que mais países e instituições seguem esta calendarização acresce a vantagem de os demais também a seguirem, num "efeito de dominó", havendo relações muito estreitas entre as diferentes realidades (sendo mais notória a vantagem de um país membro da União Europeia ter a calendarização desta organização do que o inverso, com a participação comunitária em investimentos nacionais).

---

[24] Está consagrado também no Tratado Constitucional, no artigo III-403.º. É de notar contudo que se trata de um dos poucos princípios (regras) orçamentais inscritos neste Tratado (um outro é o da unidade de conta, conforme referiremos mais à frente), sendo bem maior a consagração actual de princípios orçamentais no Tratado da CE.

[25] Ver por ex. Melo e Porto (2002, pp. 3-4).

[26] Mesmo na China, apesar de por tradição ser mais tarde o "Ano Novo Chinês" (no final de Janeiro), o ano civil vai de 1 de Janeiro a 31 de Dezembro, com o seu orçamento estadual a cobrir estas datas...

3.4. Princípio do equilíbrio

É um princípio que remonta também à redacção inicial do Tratado de Roma, dispondo no segundo parágrafo do artigo 199.º do Tratado da CEE (actual artigo 268.º do Tratado da CE) que "as receitas e despesas do orçamento devem estar equilibradas". Nos termos do artigo 14.º do Regulamento Financeiro, por seu turno, "o orçamento deve respeitar o equilíbrio entre as receitas e as dotações de pagamento", e segundo o artigo 17.º "a totalidade das receitas deve cobrir a totalidade das dotações de pagamento" (veremos em 3.7 que se visa consagrar aqui também o princípio da não consignação).

É nesta lógica que, salvo casos especiais, para aplicações concretas, ainda nos termos do artigo 14.º (segundo parágrafo do número 1) "a Comunidade Europeia e a Comunidade Europeia da Energia Atómica, bem como os organismos" por elas criados, "não podem contrair empréstimos". E a possibilidade de o orçamento aparecer equilibrado resulta, conforme veremos adiante, do próprio sistema de recursos próprios, adequável, em particular através do quarto recurso (o recurso PNB, agora RNB), à cobertura da totalidade das despesas. Steckel-Montes (2005, p. 11) fala por isso em "budget de dépenses".

Podendo naturalmente haver desfasamento entre as entradas das receitas e as despesas, está é aberta a possibilidade de haver pagamentos protelados e assunções temporárias de dívidas.

3.5. Princípio da unidade de conta

Sendo as Comunidades formadas originariamente por países com as suas moedas nacionais (só a Bélgica e o Luxemburgo tinham a mesma moeda, o seu franco, como moeda "única"), desde o início levantava-se a questão interessante de saber em que unidade monetária deveria ser elaborado o orçamento.

Como curiosidade histórica, poderá recordar-se que nos anos 50 o orçamento da CECA era em dólares, a unidade de conta da União Europeia de Pagamentos. Era contudo a moeda de um país terceiro, curiosamente a moeda do grande "rival" económico da Europa (sem dúvida então muito menos rival do que mais tarde).

Depois, os orçamentos dos anos de "arranque" da CEE e da CEEA, em 1958, 1959 e 1960, foram elaborados em francos belgas[27].

Passou-se seguidamente a considerar uma unidade de conta, definida primeiro por um peso determinado de ouro fino e desde o começo dos anos 70, na sequência da crise do sistema de Bretton Woods, de acordo com um "cabaz" de moedas europeias.

Com a adopção do ECU, quando da instituição do Sistema Monetário Europeu, a partir de 1981, o orçamento (ou os orçamentos, v.g. havendo então ainda o orçamento da CECA) passou a ser estabelecido nesta unidade de conta europeia; podendo ser feitos com ela também movimentos contabilísticos. Eram estabelecidas ainda através do ECU as equivalências entre as moedas, para se proceder aos pagamentos.

Com o euro, adoptado já por 12 países, correspondendo na EU-15 a quase 80% do PIB total, não haveria dúvidas sobre que fosse esta a unidade de conta no orçamento. Ao peso dos países da *Eurolândia*, logo que possível aumentada com os novos países membros (todos eles desejando entrar também no euro), acrescem aliás outras razões, de índole económica e mesmo política: sendo o euro uma moeda de grande estabilidade e de grande prestígio em termos mundiais, além disso é, inquestionavelmente, a "moeda europeia".[28]

No artigo 277.º do Tratado da CE, reproduzindo o artigo 207.º anterior, dispõe-se que "o orçamento será elaborado na unidade de

---

[27] Com a evolução verificada podem ver-se Strasser (1990, pp. 51-6), Comissão Europeia (2002, pp. 169-71), Lechantre e Schajer (2004, pp. 29-30) ou Steckel-Montes (2005, p. 39).

[28] Com um papel que se traduz já actualmente em serem pagas em euros 15% das transacções comerciais mundiais, em estarem nesta moeda 24,9% das reservas e em serem feitas nela 44,7% das emissões obrigacionistas no mercado internacional (*Questions Internationales*, La Documentation Française, n.º 17, Janeiro-Fevereiro de 2006, p. 75)

conta fixada em conformidade com a regulamentação adoptada por força do artigo 279.º" (que estabelece os procedimentos orçamentais)[29]; e no artigo 16.º do Regulamento Financeiro estabelece-se que "o orçamento será elaborado, executado e objecto de prestação de contas em euros" (podendo naturalmente admitir-se, também nos termos regulamentares, que haja pagamentos noutras moedas).

3.6. Princípio da universalidade (ou do orçamento bruto, ou da não compensação)

Uma primeira afirmação do princípio da universalidade está no Tratado da CE, no artigo 268.º, já mencionado em 3.1 (cfr. Comissão Europeia, 2002, p.98).

De um modo mais claro o artigo 17.º do Regulamento Financeiro, depois de afirmar o princípio do equilíbrio (como vimos em 3.4) e da não consignação (como veremos em 3.7), dispõe que, "sem prejuízo do disposto no artigo 20.º, as receitas e as despesas serão inscritas sem qualquer compensação entre si".

Trata-se pois da consagração, tal como geralmente acontece com os orçamentos nacionais, do princípio da não compensação, ou da universalidade (ou ainda do orçamento bruto).

O artigo 20.º, por seu turno, consagra excepções compreensíveis a esta regra, por exemplo para receitas "deduzidas do montante das facturas ou dos pedidos de pagamento", ou para preços de "produtos ou serviços fornecidos às Comunidades", líquidos de impostos que seriam reembolsados.

3.7. Princípio da não consignação

O princípio (ou regra) da não consignação não vem no Tratado da CE (ou no Tratado Constitucional) nem em nenhuma epígrafe do

---

[29] No Tratado Constitucional dispõe-se no artigo III-410.º que "o quadro financeiro plurianual e o orçamento anual são estabelecidos em euros".

Regulamento Financeiro, mas resulta claramente de disposições deste último.

Vimos há pouco, em 3.4 e 3.6, que o artigo 17.º do Regulamento consagra os princípios do equilíbrio e da universalidade, com este último (apenas ele) a ser mencionado na epígrafe do capítulo respectivo.

Mas ao dizer-se que "a totalidade das receitas deve cobrir a totalidade das dotações de pagamento" está a consagrar-se também o princípio da não consignação. Trata-se de consagração que pode entender-se que resulta desses próprios termos, falando-se numa cobertura geral das despesas, não de afectações em concreto. Para além disso, só com este entendimento tem sentido o artigo que se segue, o artigo 18.º, quando vem estabelecer excepções ao princípio da não consignação (não ao princípio do equilíbrio ou ao princípio da universalidade): dispondo que "as receitas seguintes são *afectadas* com vista a financiar despesas *específicas*" (itálicos nossos).

Trata-se, sem margem para dúvidas, de casos de consignação de receitas, podendo referir-se, a título de exemplo, "as contribuições financeiras dos Estados-Membros relativas a certos programas de investigação", "as participações de países terceiros ou organismos diversos em actividades das Comunidades", "a remuneração de fornecimentos, prestações de serviços e trabalhos efectuados para outras instituições ou organismos" ou ainda "as receitas provenientes da venda de publicações e filmes".

Sendo todavia excepções, o princípio (ou regra) que prevalece é o princípio da não consignação.

3.8. **Princípio da especificação**

Como vimos, um começo de consagração do princípio da especificação (ou da especificidade) vem no artigo 5.º do Regulamento Financeiro; na linha aliás já do artigo 271.º do Tratado da CE (202.º na redacção inicial).

Mas um capítulo dedicado a este princípio, referenciado na epígrafe, vem depois, com início no artigo 21.º do Regulamento:

Os princípios orçamentais 29

nos termos do qual "as dotações são especificadas por títulos e capítulos; os capítulos subdividem-se em artigos e números"[30].

Assim acontece por um imperativo básico de arrumação orçamental, mas pode naturalmente haver transferências de verbas ao longo do ano, nos termos indicados nos artigos seguintes.

3.9. Princípio da boa gestão financeira

Trata-se agora de um princípio consagrado nos artigos 27.º e 28.º do Regulamento Financeiro, dispondo-se no primeiro que "as dotações orçamentais devem ser utilizadas em conformidade com o princípio da boa gestão financeira, a saber, em conformidade com os princípios da economia, da eficiência e da eficácia".

Não há pois apenas preocupação com a legalidade das despesas, importa ainda que os escassos recursos de que se dispõe sejam utilizados do melhor modo possível.

Podendo eventualmente julgar-se que há redundância ou menor precisão entre as preocupações afirmadas, o legislador comunitário veio concretizar no número seguinte do artigo (no número 2) o que entende por cada um dos "princípios" afirmados no número 1.

Assim, "o princípio da economia determina que os meios utilizados" "devem ser disponibilizados em tempo útil, nas quantidades e qualidades adequadas e ao melhor preço", "o princípio da eficiência visa a melhor relação entre os meios utilizados e os resultados obtidos" e "o princípio da eficácia visa a consecução dos objectivos específicos fixados, bem como dos resultados esperados".

---

[30] O mapa das despesas da Comunidade encontra-se primeiro dividido em secções, que por seu turno se subdividem em títulos e capítulos. As secções correspondem, *grosso modo*, às instituições: secção I – Parlamento; secção II – Conselho; secção III – Comissão; secção IV – Tribunal de Justiça; secção V – Tribunal de Contas; secção VI – Conselho Económico e Social; secção VII – Comité das Regiões; secção VIII – Provedor de Justiça e Autoridade Europeia para a Protecção de Dados.

Dispõe-se aliás no número seguinte, no número 3 do mesmo artigo, que "devem ser fixados objectivos específicos, mensuráveis, realizáveis, pertinentes e datados para todos os sectores de actividade abrangidos pelo orçamento", sendo "a realização desses objectivos" "controlada por meio de indicadores de desempenho estabelecidos por actividade".

As "administrações encarregadas da despesa" deverão ir fornecendo "informações à autoridade orçamental", para efeitos de acompanhamento e controle, estando também então em causa, como veremos adiante, não só a legalidade como a adequação das despesas à melhor prossecução possível dos objectivos a atingir.

3.10. Princípio da transparência

Com o objectivo de se reforçarem a clareza e a segurança, o Regulamento Financeiro da União Europeia consagra ainda o princípio agora em análise, dispondo no número 1 do artigo 29.º que "o orçamento será elaborado, executado e objecto de uma prestação de contas na observância do princípio da transparência".

Trata-se pois de princípio a ter em conta em todas as etapas, da elaboração ao controle a fazer nas várias fases (vejam-se os artigos 130.º e 131.º do Tratado da CE).

Uma das vias, expressamente considerada (no número 2 do mesmo artigo), de dar transparência a todo o processo, está na obrigatoriedade de publicação no *Jornal Oficial das Comunidades Europeias* de todas as peças mais relevantes, como são os casos do orçamento, dos orçamentos rectificativos, das demonstrações financeiras consolidadas e dos relatórios de gestão financeira elaborados por cada instituição.

4. O PROCEDIMENTO ORÇAMENTAL

4.1. As instituições responsáveis

A estrutura institucional da União Europeia leva naturalmente a que o procedimento orçamental seja muito diferente dos procedimentos nacionais, com regimes parlamentares (ou mesmo semi--presidenciais): tal como acontece no caso português, com a iniciativa do Governo e a aprovação do Parlamento (a que se segue a promulgação pelo Chefe do Estado), não havendo obviamente uma instituição correspondente à Comissão.

Tendo as instituições da União Europeia uma dupla legitimidade democrática, a legitimidade do Conselho, resultante dos Governos e por esta via dos Parlamentos nacionais, e a legitimidade do Parlamento Europeu, eleito directamente pelos cidadãos da União, compreende-se que haja um intervenção determinante, mesmo final, destas duas instituições.

Durante muito tempo a tarefa legislativa esteve a cargo apenas do Conselho, só mais recentemente tendo passado a verificar-se, com relevo crescente, a intervenção do Parlamento Europeu, primeiro (com o Acto Único Europeu) com o processo de cooperação e depois (com o Tratado de Maastricht) com o processo de co--decisão.

No início do processo de construção europeia cabia também apenas ao Conselho a aprovação do orçamento, sobre proposta da Comissão (da Alta Autoridade, na CECA). A Assembleia Parlamentar, constituída por membros designados pelos Parlamentos dos Estados, tinha uma função meramente consultiva.

Foi precisamente no domínio orçamental que começou a haver uma intervenção especialmente relevante do Parlamento Europeu[31].

---

[31] O predomínio absoluto do Conselho no processo de decisão orçamental verificou-se até aos Acordos do Luxemburgo, em 1970; quando se deu também, conforme sublinharemos adiante (em 6.1), a substituição das contribuições financeiras dos Estados-Membros por recursos próprios das Comunidades Europeias.

Não poderá talvez dizer-se que o PE tem (sempre) a última palavra[32], mas tem-a em relação às despesas não obrigatórias,[33] de acordo com o procedimento que será sumariamente descrito em 4.3, e é o seu Presidente que acaba por assinar o orçamento, com a margem de liberdade que será mencionada também.

A par destas duas instituições, aqui como em todos os casos (v.g. na intervenção legislativa), no quadro institucional da União Europeia (já antes, das Comunidades) tem foros de originalidade uma instituição como a Comissão, com um papel e uma influência muito grandes. No procedimento orçamental, tal como em geral no procedimento legislativo, tem a iniciativa, no caso do orçamento até à apresentação do ante-projecto; e vai participando nos vários passos até que seja aprovado.

A Comissão tem aliás, depois, as maiores responsabilidades na execução e no controle dos gastos orçamentais, dispondo de 65,6% das verbas e de 69,8% do pessoal do total das instituições da União: em boa medida para concretizar e acompanhar (v.g. controlar) as acções de maior relevo cobertas e apoiadas pelo orçamento operacional, no seio das instituições e em boa parte nos países membros (mesmo em países terceiros) onde são aplicados recursos.

A repartição entre as instituições pode ser vista no quadro 1:

---

[32] Sublinhando-o pode ver-se S. Franco *et al.* (1994, p. 78).

Nas palavras de Colom I Naval, "a lo largo del medio siglo de permanente proceso constituyente comunitario, cada una de las tres instituciones ha pretendido labrarse – y blindar – su espacio competencial, garantizándose el máximo poder presupuestario" (2005a, p. 60).

[33] Como se verá adiante, na nota 41, a distinção acabará (acabaria) com o Tratado Constitucional.

Quadro I

Relevo das instituições

	Pessoal		Orçamento	
	Número	%	Valor (milhões de euros)	%
Comissão	22453	69,8	3499,8	65,6
Parlamento	4259	13,2	1051,6	19,7
Conselho	2937	9,1	430,0	8,1
Tribunal de Justiça (incl.1.ª Instância)	1130	3,5	151,6	2,8
Tribunal de Contas	589	1,8	77,4	1,5
Comité Económico e Social	521	1,6	81,7	1,5
Comité das Regiões	250	0,8	39,1	0,7
Provedor de Justiça	28	0,1	4,2	0,1
Total	**32182**		**5335,4**	

Fonte: Lechantre e Schajer (2004, p. 124, com dados de 2003)

4.2. As perspectivas financeiras

A história das Comunidades Europeias até meados dos anos 80, portanto ao longo de duas a três dezenas de anos, é em boa parte a história das incertezas e das crises orçamentais: incluindo--se dois casos de rejeição do orçamento, além de atrasos e outras

34   *O Orçamento da União Europeia*

dificuldades, com frequência ultrapassadas apenas com enormes custos, designadamente à custa de compromissos que vieram a demonstrar-se incorrectos[34].

Jacques Delors ficará na história também porque foi com ele que, a par da fixação de metas, cumpridas, que levaram à actual união económica e monetária (v.g. com o mercado único e com o euro), propôs e deu início há 20 anos a um procedimento orçamental que tem impedido o aparecimento de novas crises.

Para além de acertos mais de pormenor no procedimento orçamental de cada ano, tem sido decisiva a fixação de quadros financeiros plurianuais, mais concretamente, Perspectivas Financeiras para períodos que estão a ser agora de sete anos.

Têm constituído referências respeitadas, apesar de terem "apenas" a força jurídica de resultarem de um acordo entre as três instituições envolvidas[35].

Constituem quadros financeiros, estabelecidos com base em documentos da Comissão, em que se fixam as grandes metas a atingir e os instrumentos a utilizar para o efeito.

Consegue-se assim, a médio (ou longo) prazo, uma grande racionalidade na utilização das verbas previstas para cada ano: em programações que nos dois primeiros casos, tendo sido designadas por "pacotes", ficaram também com a designação do grande mentor deste novo tipo de procedimento: o Pacote Delors I, a cobrir o

---

[34] Sobre esta "história" podem ver-se de novo S. Franco *et al.* (1994, pp. 19ss.), Strasser (1990, pp. 18ss.) ou Comissão Europeia (2002, pp. 15-33). Com uma análise, mais do domínio da ciência política, dos interesses e dos jogos de força que estiveram por detrás dos vários conflitos orçamentais, ver Lindner (2006).

[35] Cfr. Lechantre e Schajer (2004, p. 35). Trata-se de acordos que terão (teriam) consagração no Tratado Constitucional. Nos termos do seu artigo III--402.º, "o quadro financeiro plurianual é estabelecido por um período de, pelo menos, cinco anos" (número 1), fixando "os montantes dos limites máximos anuais das dotações para autorizações por categoria de despesa e do limite máximo anual das dotações para pagamentos".

O procedimento orçamental   35

período de 1988 a 1992 (cinco anos)[36] e o Pacote Delors II a cobrir o período de 1993 a 1999 (sete anos)[37].

Seguiu-se a Agenda 2000, com o estabelecimento dos objectivos a atingir no período que está ainda a decorrer (de 2000 a 2006)[38]. A programação financeira, prevendo já a entrada de novos membros, de facto verificada, veio a ser aprovada no Conselho Europeu de Berlim, em Março de 1999.

A primeira iniciativa da Comissão tendo em vista as Perspectivas Financeiras para 2007-2013, constituindo o próximo quadro plurianual, consta do documento com o título *Construir o nosso Futuro em Comum*, o COM (2004) 101 (Comissão Europeia, 2004 a) (com alguns desenvolvimentos, no que respeita às políticas a seguir, no COM (2004) 487 final, Comissão Europeia, 2004b). Aqui se estabeleceram os objectivos a atingir e se fez uma primeira programação orçamental.

Estão todavia na lembrança muito recente de todos as dificuldades para se chegar a um acordo no Conselho, não conseguido na presidência luxemburguesa, no primeiro semestre de 2005, apesar dos melhores esforços do Primeiro-Ministro Claude Juncker. Depois de reduções várias das verbas propostas e de resistências enormes ao abandono de privilégios (casos dos benefícios da PAC,

---

[36] Com base no COM (87) 100, *Realizar o Acto Único Europeu: uma Nova Fronteira para a Europa* e no COM (87) 101, com o *Relatório sobre o financiamento do orçamento da Comunidade* (cfr. Porto, 1988). O próprio Delors considera o Acto Único "mon traité favori", pelas perspectivas que veio abrir, intitulando com essa afirmação um dos capítulos das suas *Mémoires* (2004, pp. 202-46)

[37] Neste caso com base no COM (92) 2000, *Do Acto Único ao pós--Maastricht – Os meios para realizar as nossas ambições*, e no COM (92) 2001, com *As finanças públicas comunitárias até 1997*. O quadro financeiro veio a ser aprovado no Conselho Europeu de Edimburgo, em 12 de Dezembro de 1992 (cfr. Costa, 1998).

[38] Agora com base no COM (97) 2000, *Agenda 2000: para uma União reforçada e alargada,* acompanhado não só de um projecto de acordo inter--institucional relativo à disciplina orçamental e à melhoria do processo orçamental (SEC (1998) 698, de 29 de Abril de 1998) como ainda de um *Relatório da Comissão sobre o funcionamento do sistema de recursos próprios* (COM (1998) 560, de 7 de Outubro de 1998).

que se mantêm, e do "cheque" britânico, de facto reduzido[39]), como se lembrou também já atrás, o acordo possível no Conselho Europeu veio a ser conseguido, com a presidência do Reino Unido, no dia 16 de Dezembro de 2005[40] (sublinhou-se todavia já também, na nota 11, que no dia 18 de Janeiro de 2006, com larga maioria, o Parlamento Europeu aprovou uma Resolução de rejeição das Perspectivas Financeiras aprovadas no Conselho Europeu).

O acordo do Conselho não foi o acordo ideal, mas com ele houve melhorias de última hora, designadamente em pontos de relevo para Portugal. Com a rejeição do Parlamento Europeu, aguardam-se agora as reuniões de conciliação entre as três instituições que têm responsabilidades orçamentais, com a esperança de que em breve cheguem a um consenso.

No que respeita aos aspectos de fundo, é de sublinhar que, naturalmente com adaptações e acertos, se têm mantido (de acordo com afirmações várias, devem ser mesmo reforçadas) a filosofia de intervenção e as prioridades estabelecidas no COM (2004) 101, distinguidas *infra* em 5.3.b).

A dificuldade maior acaba por estar na pequena disponibilidade geral de verbas, descendo, como veremos em 5.3.a), de um total de 1025,04 milhares de milhões de euros (em dotações de autorização) na proposta inicial, de Fevereiro de 2004, para os 862,36 que foram finalmente acordados (menos quase 16%) no Conselho Europeu de Dezembro de 2005; não sendo de esperar que com a intervenção do Parlamento Europeu, havendo alguma subida,

---

[39] Trata-se de uma compensação ao Reino Unido pelas circunstâncias de, por um lado, ter um contributo muito elevado com o recurso IVA, dada a grande actividade económica do país, e, por outro, receber comparativamente pouco do FEOGA-Garantia, dadas as circunstâncias da sua agricultura, v.g. das suas culturas.

Sobre o modo como o encargo do cheque é repartido entre os vários países pode ver-se Lechantre e Schajer (2004, pp. 131-3).

[40] O acordo teve na sua base o documento do Conselho CADREFIN 268, de 17 de Dezembro de 2005; tendo sido dado a conhecer pela imprensa o papel da Chanceler alemã, Angela Merkel, por detrás das propostas finais de alguma recuperação e de alguns ajustamentos (naturalmente a par das diligências do Presidente da Comissão e de outros responsáveis nacionais, designadamente do nosso país).

se chegue mesmo à proposta desta instituição, em Junho de 2004 (a evolução global verificada é ilustrada pelo quadro 2, na alínea a) de 5.3, p. 60).

Para além da limitação geral do enquadramento de cada orçamento no "tecto" das Perspectivas Financeiras, para as despesas não obrigatórias[41] (as que não "decorram obrigatoriamente do Tratado ou dos actos adoptados por força deste"; voltaremos a elas no próximo número) "será fixada anualmente uma taxa máxima de aumento, em relação às despesas da mesma natureza do ano financeiro em curso". Assim se fará de acordo com os indicadores económicos, após consulta ao Comité de Política Económica, referenciados no artigo 272.º Tratado da CE, número 9, 2.º parágrafo (o artigo que estabelece o procedimento de elaboração e aprovação do orçamento,objecto da nossa análise no número que se segue): a evolução do volume do produto nacional bruto na Comunidade, a variação média dos orçamentos dos Estados Membros e a evolução do custo de vida durante o último ano financeiro.

Curiosamente, não havendo tal limitação para as despesas obrigatórias, pode acontecer que as obrigações do Tratado e de actos adoptados por força dele acabem por levar a aumentos bem mais sensíveis; possibilidade que está todavia também por seu turno em alguma medida limitada.

4.3. **Os trâmites de elaboração e aprovação do orçamento**

O procedimento orçamental está basicamente estabelecido no Tratado da CE, no artigo 272.º, e depois concretizado em alguns pontos no Regulamento Financeiro.

---

[41] A distinção entre despesas obrigatórias e não obrigatórias remonta ao Tratado do Luxemburgo, de 1970. Mas com frequência não há consenso quanto ao enquadramento de determinadas despesas, levando à intervenção do Tribunal de Justiça (cfr. Lechantre e Schajer, 2004, pp. 33-4); podendo ver-se em Colom I Naval as despesas que nos últimos exercícios têm sido consideradas como despesas obrigatórias "sin demasiada discusión" (2005a, p. 67).

Trata-se de distinção que terminaria (terminará) com o Tratado Constitucional, v.g. não sendo considerada no artigo III-404.º (o "novo" artigo 272.º).

Nos termos do artigo 272.º do Tratado (ex-artigo 203.º), "cada uma das instituições da Comunidade elaborará, antes de 1 de Julho, uma previsão das suas despesas". Trata-se de previsões que a Comissão reunirá "num projecto de orçamento" (com um parecer que pode naturalmente "incluir previsões divergentes")[42].

O anteprojecto da Comissão, incluindo não só uma previsão das despesas, também uma previsão das receitas, deve depois ser apresentado ao Conselho, o mais tardar até ao dia 1 de Setembro.

Embora devendo consultar "a Comissão e, se for caso disso, as outras instituições interessadas, sempre que pretenda afastar-se" do anteprojecto recebido, é ao Conselho que cabe elaborar o projecto de orçamento. Não se segue pois aqui o figurino comum do processo legislativo, em que a Comissão apresenta os próprios projectos.

"O projecto de orçamento deve ser submetido à apreciação do Parlamento Europeu o mais tardar até 5 de Outubro" (continuamos e continuaremos a citar, não havendo outra indicação, o artigo 272.º Tratado da CE). Inicia-se então um processo iteractivo[43], que reflecte a natureza da União, com as duas legitimidades referidas: a legitimidade dos países, expressa através do Conselho, e a legitimidade directa da União, expressa através do Parlamento Europeu. Curiosamente, trata-se de legitimidades que no processo orçamental se concretizam no facto de, no que às despesas obrigatórias diz respeito, a última palavra caber ao Conselho, mas já no que se refere às despesas não obrigatórias a última palavra caber ao Parlamento[44].

---

[42] Em anexo segue um quadro (o quadro A-1, p. 95) que tornará mais claro o procedimento a seguir.

[43] De "vai-vem", como alguém já o designou (S. Franco *et al*, 1994, p. 26). No Tratado Constitucional é dado especial relevo, no número 5 do artigo III--404.º, ao papel de um Comité de Conciliação, formado por membros do Conselho e do Parlamento Europeu e com a participação activa da Comissão. Mas já no quadro actual são determinantes as reuniões de conciliação entre as três instituições, tal como virá a acontecer em breve, com a participação dos Presidentes das três instituições, procurando o acordo para as Perspectivas Financeiras para 2007-2013.

[44] Trata-se de distinção que só pode encontrar justificação no enorme privilégio que as despesas obrigatórias de longe mais importantes, as despesas do FEOGA-Garantia, têm para determinados países (sublinhá-lo-emos na alínea a)

A consideração diferente destes dois tipos de despesas verifica-se logo na primeira intervenção do Parlamento. Tendo o direito geral de *"alterar*, por maioria dos membros que o compõem, o projecto de orçamento" (itálico nosso), assim acontece apenas em relação às despesas não obrigatórias (de muito menor montante do que o montante das despesas obrigatórias), pois o artigo acrescenta de imediato que, em relação "às despesas que decorrem obrigatoriamente do Tratado ou dos actos adoptados por força dele" (como vimos, é esta a forma de referir as despesas obrigatórias) o que o Parlamento pode fazer é, "por maioria absoluta dos votos expressos", *"propor* ao Conselho" *"modificações* ao projecto" (itálicos nossos).

No processo estabelecido há todavia a possibilidade de o orçamento ficar logo definitivamente aprovado, se no prazo de 45 dias o Parlamento se limitar a fazê-lo expressamente ou não tomar nenhuma iniciativa de alteração ou de proposta de modificação (consoante o tipo de despesa).

Não sendo assim, e de facto nunca assim aconteceu, o projecto volta ao Conselho com as alterações e as propostas de modificação referidas. E também aqui o processo pode ficar concluído, agora "nas mãos" do Conselho, se "no prazo de 15 dias" "não tiver modificado nenhuma das alterações adoptadas pelo Parlamento Europeu e tiver aceite as propostas de modificação por ele apresentadas". Igualmente neste caso, "o orçamento considerar-se-á definitivamente aprovado".

Não é todavia também previsível que assim aconteça. De facto, "se, dentro do mesmo prazo, o Conselho tiver modificado uma ou várias das alterações adoptadas pelo Parlamento Europeu ou se as propostas de modificação por ele apresentadas tiverem sido rejeitadas ou modificadas, o projecto de orçamento modificado será novamente transmitido ao Parlamento Europeu".

Este por seu turno, "no prazo de 15 dias" "pode, deliberando por maioria dos membros que o compõem e três quintos dos votos expressos, alterar ou rejeitar as modificações introduzidas pelo Conselho às suas alterações e, consequentemente, aprovar o orça-

---

de 5.1), que não querem por isso abrir mão da possibilidade de caber aos Governos nacionais a última palavra acerca delas.

mento. Se dentro do mesmo prazo o Parlamento Europeu não tiver deliberado, o orçamento considerar-se-á definitivamente aprovado".

Intervém por fim o Presidente do Parlamento com um papel original: nos termos do número 7 do artigo 272.º, "declarará verificado que o orçamento se encontra definitivamente aprovado".

Não sendo fácil encontrar situações paralelas, é de perguntar como pode caracterizar-se essa declaração (com a assinatura do orçamento): mais concretamente, é de perguntar se a pessoa a quem compete (o Presidente do PE) tem alguma margem de manobra, podendo não fazer a declaração (e em que circunstâncias), bem como, no caso de estar obrigado a fazê-la, como pode ultrapassar--se uma eventual resistência.[45]

Pode acontecer todavia mesmo já antes que as coisas não corram da forma indicada (e desejada): se o Parlamento, "deliberando por maioria dos membros que o compõem e dois terços dos votos expressos", "por motivo importante" "rejeitar o projecto de orçamento e solicitar que um novo projecto lhe seja submetido"[46].

4.4. O regime de duodécimos

O Tratado teria de prever não só esta hipótese, de rejeição, como qualquer hipótese de atraso.

São hipóteses consideradas no artigo 273.º do Tratado da CE (ex-artigo 204.º), que dispõe que "se no início de um ano financeiro o orçamento ainda não tiver sido votado, as despesas podem ser efectuadas mensalmente, por capítulos ou segundo outra subdivisão", "até ao limite de um duodécimo dos créditos abertos no orçamento do ano financeiro anterior".

É pois a solução possível, a exemplo do que se passa quando não há aprovação ou há atraso na aprovação de um orçamento nacional[47].

---

[45] Com a análise destas questões pode ver-se S. Franco et al. (1994, pp. 81-3)

[46] Sobre a elaboração e a estrutura do orçamento comunitário vejam-se ainda os artigos 31.º a 47.º do Regulamento Financeiro.

[47] Podendo todavia o Conselho, excepcionalmente e de acordo com condições estabelecidas, "autorizar despesas que excedam o referido duodécimo"; veja-se ainda o art.º 13.º do Regulamento Financeiro.

4.5. A execução e o controle orçamentais

Compreende-se plenamente que, depois de aprovado, haja uma grande preocupação com a boa execução e com o controle da execução do orçamento.

Trata-se de preocupação traduzida no princípio da boa gestão financeira, referido em 3.9: com a necessidade não só de que se cumpra o que está legalmente estabelecido como de que "se proceda em conformidade com os princípios da economia, da eficiência e da eficácia".

Neste quadro justifica-se que sejam muito grandes as responsabilidades da Comissão, com o relevo que fica bem ilustrado com os números do quadro 1, pp. 33. De acordo com o artigo 274.º do Tratado da CE (antigo artigo 205.º), "a Comissão executa o orçamento nos termos da regulamentação" em vigor, "sob sua própria responsabilidade e até ao limite das dotações concedidas, de acordo com os princípios da boa gestão financeira"; apontando no mesmo sentido o número 1 do artigo 48.º do Regulamento Financeiro.

No mesmo artigo do Tratado acrescenta-se todavia de imediato que "os Estados-membros cooperarão com a Comissão a fim de assegurar que as dotações sejam utilizadas de acordo com os princípios da boa gestão financeira"; determinação repetida por seu turno no número 2 do artigo 48.º do Regulamento.

Justifica-se também plenamente que assim aconteça, dados os montantes das despesas que são feitas nos países, por exemplo na aplicação de fundos estruturais comunitários. Segundo Laffan e Lindner (2005, p. 208), "80 per cent of the budget is managed on behalf of the Union by the member states". Moussis, por seu turno (2005, p.38), acrescenta que "roughly 80% of expenditure is handled by tens of thousands of national, regional or local officials".

Nas linhas referidas, o artigo 53.º do Regulamento Financeiro dispõe aliás ainda que "a Comissão executará o orçamento: a) de forma centralizada; b) em gestão partilhada ou descentralizada; ou c) em gestão conjunta com organizações internacionais".

Para as tarefas de controle, a acrescer à entidade referida a seguir e em 4.6, dispõem a Comissão, as demais instituições e os Estados de serviços próprios, com responsabilidades bem estabelecidas.

Com especial relevo, o Regulamento Financeiro elenca as atribuições e as responsabilidades de quatro figuras nele consideradas, tendo em vista a boa execução do orçamento em cada entidade: o "gestor orçamental" (artigos 59.º e 60.º), o "contabilista" (artigos 61.º e 62.º), o "gestor de fundos para adiantamentos" (artigo 63.º) e o "auditor interno" (artigos 85.º a 87.º).

No Parlamento Europeu, por seu turno, há uma Comissão especializada, a Comissão do Controle Orçamental (CONT), também com responsabilidades em relação à execução do orçamento.

4.6. O Tribunal de Contas

Justifica-se que se dê um relevo próprio, também já nesta fase (da execução e do controle do orçamento), ao Tribunal de Contas das Comunidades.

Não vem desde o seu início, nos primeiros anos eram outras as entidades encarregadas de acompanhar os procedimentos. O Tribunal de Contas veio a ser criado com base no Tratado de Bruxelas, de Junho de 1975, e instalado em Outubro de 1977. Depois, passou a ter a categoria de "instituição" com o Tratado de Maastricht, em 1992[48].

De acordo com o artigo 247.º do Tratado da CE, "é composto por um nacional de cada Estado-Membro", escolhido "de entre personalidades que pertençam ou tenham pertencido, nos respectivos países, a instituições de fiscalização externa ou que possuam uma qualificação especial para essa função".

Sendo "nomeados por um período de seis anos", "exercerão as suas funções com total independência", não solicitando nem aceitando "instruções de nenhum governo ou qualquer entidade" (independência que se pretende reforçar ainda por outras vias).

---

[48] Cfr. na nossa literatura Duarte (2001, pp. 180-3), M. Campos (2004, pp. 203-10) ou Quadros (2004, pp. 296-8).

O *procedimento orçamental* 43

Apesar da sua designação, o Tribunal de Contas tem funções de índole administrativa, não de índole jurisdicional, nos termos das quais "examina a legalidade e a regularidade das receitas e despesas e garante a boa gestão financeira" (número 2 do artigo 248.º do Tratado da CE). Faz pois apreciações não só de "legalidade" como também de "conveniência", v.g. em relação ao acerto das políticas seguidas e das medidas tomadas.

Também não obstante a sua designação, as fiscalizações do Tribunal de Contas "podem ser efectuadas antes do encerramento das contas do exercício orçamental em causa". Em qualquer momento, "a fiscalização das receitas efectua-se com base nos créditos e nos pagamentos feitos à Comunidade" e "a fiscalização das despesas" "com base nas autorizações e nos pagamentos" (ainda número 2 do artigo 248.º)[49].

Será de sublinhar igualmente que, sendo a fiscalização "feita com base em documentos", pode ter lugar nas instalações das outras instituições da União e mesmo nos Estados-Membros, "em colaboração com as instituições de fiscalização nacionais", "inclusivamente nas instalações de qualquer pessoa singular ou colectiva beneficiária de pagamentos provenientes do orçamento"[50].

---

[49] Pode também, "em qualquer momento, apresentar observações, nomeadamente sob a forma de relatórios especiais, sobre determinadas questões e formular pareceres a pedido de uma das outras instituições da Comunidade" (número 4 do artigo 248.º do Tratado da CE).

[50] Tem havido nos últimos anos uma preocupação enorme com o rigor dos procedimentos orçamentais da União Europeia, estando na memória de todos a crise que levou à queda da Comissão Santer. Nas palavras mais uma vez de Laffan e Lindner (2005, p. 209), "no one knows with any degree of certainty the level of fraud affecting the EU budget: estimates of between 7 and 10 percent of the budget are often cited, but have never been convincingly proven".

É nesta linha de preocupação que em 1999 foi criado o Organismo Europeu de Luta Anti-Fraude, OLAF (cfr. Kamp, 2005). Antes, havia a Unidade de Coordenação da Luta Anti-Fraude, UCLAF, criada em 1988.

A OLAF, composta por cerca de 330 elementos, logo em 2001 investigou 381 casos de irregularidades, 105 em aplicações de verbas do FEOGA-Garantia (em 2002 foram abertos 415 *dossiers*). Muito mais do que um terço são pois irregularidades detectadas na aplicação de uma política incorrecta e injusta (a

Além desta função própria, o Tribunal de Contas "assiste o Parlamento Europeu e o Conselho no exercício da respectiva função de controlo e execução do orçamento" (artigo 248.°, número 4, 4.° parágrafo do Tratado da CE).

4.7. A apreciação das contas e a quitação

Por força do artigo 275.° do Tratado da CE, "a Comissão apresentará todos os anos ao Conselho e ao Parlamento Europeu as contas do ano financeiro findo relativas às operações orçamentais" (acrescentando-lhes um balanço financeiro).

O Tribunal de Contas, por seu turno, nos termos do número 4 do artigo 248.°, "elabora um relatório anual após o encerramento de cada exercício", "transmitido às outras instituições da Comunidade e publicado no Jornal Oficial da União Europeia".

De acordo com o artigo 276.° do Tratado, compete por seu turno ao "Parlamento Europeu, sob recomendação do Conselho, que delibera por maioria qualificada", dar "quitação à Comissão quanto à execução do orçamento". Para o efeito" "examina", entre outros documentos, "o relatório anual do Tribunal de Contas" e

---

PAC), com a grande maioria das verbas aplicadas, como veremos também em 5.1.a) (em especial na nota 51), nos países mais ricos (e beneficiando por seu turno os agricultores mais ricos).

Dando apoio à luta anti-fraude é de mencionar ainda o estabelecimento de uma base de dados, proporcionando controles cruzados de informação: o sistema IRENE (cfr. Moussis, 2005, p. 39)

O novo Regulamento Financeiro de 2002, que temos vindo a analisar, vem na linha da preocupação referida, de boa execução do orçamento; julgando todavia Laffan e Lindner (loc. cit., p. 210), que "the new Financial Regulation is very complex and may not facilitate financial management in the longer term". A experiência mostra, de facto, que o caminho para uma boa gestão pode não passar por aumentar complexidades e estruturas, por vezes em "fugas para a frente", tornando os procedimentos mais burocráticos e rígidos, aliviando as responsabilidades das estruturas que já existem e onerando os orçamentos públicos.

Formas várias de luta contra a fraude são previstas pelo artigo 280.° do Tratado da CE e pelo artigo III-415.° do Tratado Constitucional.

As despesas da União 45

pode solicitar que a Comissão seja ouvida sobre a execução das despesas ou o funcionamento dos sistemas de controle financeiro.

A deliberação de dar quitação é tomada antes de 30 de Abril do ano n+2 (art. 145.º do Regulamento Financeiro). A título de exemplo, a quitação de 2005 será dada até 30 de Abril de 2007.

É de sublinhar pois o papel de grande relevo do Parlamento Europeu ao longo de todo o processo orçamental, até ao controle das contas e à prestação da quitação.

5. AS DESPESAS DA UNIÃO

Antes de se fazer uma apreciação do que está previsto para as Perspectivas Financeiras para 2007-2013 valerá a pena referir qual é a situação geral actual, na linha do que tem vindo a acontecer (sem dúvida com algumas mudanças) ao longo das décadas.

5.1. **Os antecedentes e a situação actual**

A realidade principal a ter presente, já de décadas, é a realidade de um orçamento em que perto de 80% do total (em anos anteriores mesmo mais) tem sido afectado à política agrícola (PAC) e à política regional, com todas as demais políticas e a cobertura dos custos da administração a ficar em pouco mais do que um quinto do orçamento. É mais uma vez esta a situação no ano em curso, de aplicação do orçamento de 2006, com as despesas agrícolas a absorver 45,5% do total, as acções estruturais 31,6%, destinando-se 7,9% às "políticas internas", 4,8% às "acções externas" e 5,9% à administração.

A evolução verificada é ilustrada pela figura 1 e a situação actual (em 2006) pela figura 2:

Figura 1
Repartição de despesas comunitárias entre 1958 e 2001

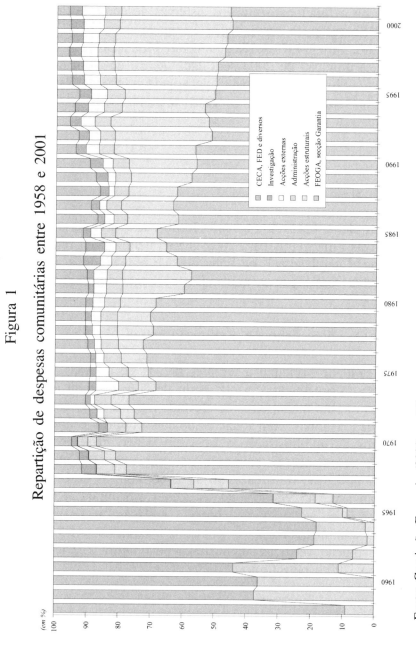

Fonte: Comissão Europeia (2000, p. 37)

Figura 2
Repartição das despesas no orçamento de 2006 (dotações de autorização)

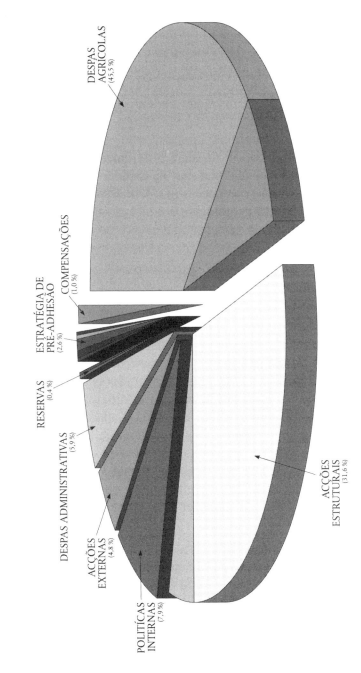

Fonte: Comissão Europeia (2006, p. 8)

Devendo sem dúvida a mínima parcela das despesas ser sujeita a escrutínio rigoroso, além do mais por respeito para com os cidadãos europeus, em particular para com os cidadãos contribuintes (também para com todos os que teriam 'direito' a outras acções, se o dinheiro fosse melhor gasto), só nas dotações dessas duas políticas há verbas cuja reafectação poderá ser significativa em qualquer mudança de estratégia da União Europeia. Assim acontece ainda porque, como se sublinhará adiante, não é de esperar (embora fosse desejável e justificado) que haja um aumento da dotação global do orçamento; acrescendo que não há críticas negativas de monta em relação à utilização das verbas nas demais políticas, da investigação e desenvolvimento tecnológica à educação e cultura ou ao apoio ao desenvolvimento de terceiros países.

a) A política agrícola comum (PAC)

Não é necessário ocupar muitas linhas para lembrar a falta de razoabilidade da PAC[51], onerando os bens alimentares e, por isso, em muito maior medida, os cidadãos mais pobres, encarecendo os processos de transformação das matérias-primas agrícolas (penalizando-se, por isso, não só os consumidores como também a competitividade da indústria europeia) e dificultando as negociações internacionais, com a União Europeia a aparecer debilitada sempre que quer exigir a abertura de mercados de terceiros países a produtos e serviços em que somos competitivos. Acresce naturalmente a tudo isto o seu custo orçamental, mais no centro das atenções destas lições, onerando os contribuintes ou levando a que em alternativa não possa corresponder-se a outros anseios dos cidadãos.

---

[51] Cfr. Porto (2001, pp. 315-39). Com avaliações mais favoráveis ou menos desfavoráveis podem ver-se por exemplo Loyat e Petit (2002) ou Mahé e Ortalo--Magné (2001). Sobre os desequilíbrios entre os países, como consequência de haver "organizações comuns do mercado" mais favorecedoras dos países do norte, ver Cunha (2003); podendo recordar-se por exemplo que a França absorve 23,0% e a Alemanha 14,5% do total, que os agricultores dinamarqueses recebem em média 15 vezes mais e os suecos 6,5 vezes do que os portugueses, que tendo o nosso país 2,7% da população da EU-15 só vinham para cá 1,6% das

Assim acontece devido ao modo como foi estabelecida. Em lugar de se terem criado mecanismos de apoio (mais) directo às produções, querendo mantê-las na Europa, desejavelmente em termos concorrenciais, estabeleceu-se um sistema proteccionista.

Sendo os preços na Europa mais elevados do que em outros países, em alguns casos não haveria produção nenhuma, com a nossa unidade mais barata a ser já mais cara do que lá fora. Querendo-se evitar os inconvenientes de várias ordens resultantes do abandono completo das produções (e de alguns campos...), ou pelo menos uma grande dependência do exterior, foi-se para uma política proteccionista, de garantia de preços aos produtores dos produtos considerados (nas designadas "organizações comuns de mercado"). É possível continuar a importar estes produtos, mas

---

verbas do FEOGA-Garantia ou ainda que 80% das verbas deste fundo são destinadas aos 20% agricultores mais ricos da União (cfr. Porto, 2001, pp. 325-33).

Os desequilíbrios entre os agricultores em 2001, com um desfavorecimento especialmente gravoso para os portugueses que trabalham na agricultura, são ilustrados pela figura 3:

Figura 3

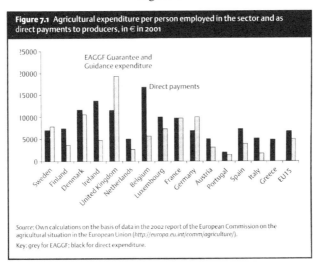

Fonte: Rieger (2005, p. 173)

quem o faça tem de pagar a diferença entre o preço de importação e o preço garantido (os "diferenciais agrícolas").

Resultariam já daqui em alguma medida as consequências negativas referidas para os consumidores e para os empresários transformadores de produtos agrícolas. Mas o que foi acontecendo ao longo dos anos foi que os agricultores foram conseguindo que nos Conselhos de Ministros da Agricultura fossem sendo fixados preços de garantia cada vez mais elevados, incentivando produções cada vez maiores. Assim podia acontecer porque os agricultores não tinham que se preocupar com a venda dos seus produtos, assegurada pela Comunidade, comprando-os com verbas do FEOGA-
-Garantia.[52]

O problema orçamental não se poria todavia, ou pôr-se-ia sem grandes dificuldades orçamentais, se os produtos comprados tivessem procura no mercado. Haveria apenas algum custo de inter-mediação. Mas o que aconteceu foi que os *lobbies* dos agricultores e dos Governos que os protegem (e muito ganham financeiramente com a PAC...) foram conseguindo que se estabelecessem preços de garantia que levaram a produções além, mesmo muito além, da procura dos produtos agrícolas "beneficiados" na Comunidade Europeia.

Chegou-se assim ao que ficou tristemente conhecido por "montanhas" e "lagos", consoante se tratava de produtos sólidos (casos da carne de vaca, da manteiga ou dos cereais) ou líquidos (caso do leite).

Tratava-se de "montanhas" e "lagos" com um enorme custo orçamental, a acrescer ao custo da compra dos produtos. Sendo produtos perecíveis, é muito grande o custo de armazenamento, em

---

[52] Sob a designação de FEOGA, Fundo Europeu de Orientação e Garantia Agrícola, tem-se tido de facto dois fundos, o FEOGA-Garantia, financiando a política de mercados de que estamos a falar agora no texto (tem chegado a ter mais de 95% dos recursos totais), e o FEOGA-Orientação, com muito menos dinheiro mas promovendo uma política correcta (de "primeiro óptimo"), de promoção das condições de competitividade da agricultura e dos meios rurais europeus. Como se disse já (na nota 15) estes fundos são substituídos agora pelo FEAGA e pelo FEADER.

As despesas da União 51

princípio em armazéns frigoríficos. Depois, acontecia que aos anos de excedentes não se seguiam anos de escassez, em que a procura fosse satisfeita com produtos acumulados antes. Na lógica da PAC, com preços de garantia cada vez mais elevados, aos excedentes iam-se sucedendo excedentes cada vez maiores, com os agricultores seguros da colocação dos seus produtos, comprados com as verbas do FEOGA-Garantia.

Neste quadro, a única hipótese para o escoamento dos excedentes estava na sua exportação, mas em nenhum mercado do mundo haveria procura para os produtos europeus, mais caros (mesmo muito mais caros) do que os produzidos em outros continentes (dos Estados Unidos à Austrália e à Nova Zelândia, passando pelo Brasil e pela Argentina). A exportação só poderia pois ter lugar com subsídios, constituindo o terceiro elemento de custo para o FEOGA-Garantia.[53]

A reforma da PAC em 1992, com a primeira presidência portuguesa, deu um contributo importante (até agora sem paralelo) para a diminuição dos preços garantidos, diminuindo por isso os excedentes[54]. E é de saudar a evolução que se tem verificado no sentido de se caminhar para apoios ao rendimento, absorvendo de qualquer modo as verbas avultadas que referimos (ainda em 2006, como se ilustrou com a figura 2).

A evolução para um relevo maior dos apoios ao rendimento pode ser ilustrada pela figura 4:

---

[53] Ficou tristemente célebre o caso da venda de manteiga à União Soviética, por 17% do seu custo, em 1973. Em plena "guerra fria" estiveram pois os consumidores e os contribuintes da CEE (os mais pobres, inevitavelmente mais onerados com o preço dos bens alimentares e com um sacrifício maior da tributação) a "ajudar" os consumidores soviéticos, no fundo a apoiar o regime político implantado nesse país...

[54] A. Cunha (2000, p. 55), que presidia aliás então ao Conselho dos Ministros da Agricultura, tem um quadro (reproduzido em Porto, 2001, p. 335), mostrando os resultados conseguidos na redução (em termos técnicos mesmo esgotamento) dos excedentes nos produtos mais relevantes (mencionando as reformas seguintes pode ver-se A. Cunha, 2005, p. 242).

Figura 4

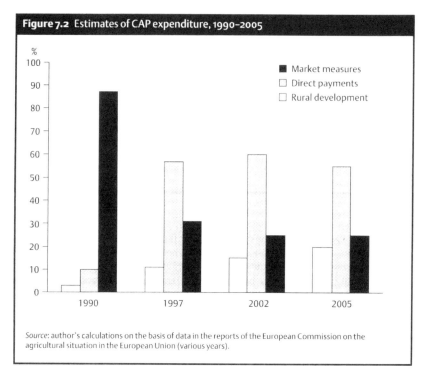

Fonte: Rieger (2005, p. 178)

Sendo-se naturalmente sensível à necessidade de uma política agrícola (rural) não proteccionista e que leve a melhorias estruturais, justificada por razões económicas, estratégicas, sociais e ambientais[55], que beneficie de igual modo ou mesmo em maior medida as regiões e os agricultores mais desfavorecidos, importa que seja uma política com muito menos encargos financeiros.

---

[55] Na sequência da instituição, pela Agenda 2000, do 2.º Pilar da PAC, com as Políticas de Desenvolvimento Rural, PDR's (ver A.Cunha, 2000, 2004 e 2005, e Avillez, 2004a e 2004b).

b) A política regional

É bem diferente o juízo a fazer sobre a política regional, inquestionavelmente correcta à luz da melhor teoria e da experiência conhecida; de "primeiro óptimo", beneficiando também os países e as regiões mais ricos.

Até há poucas décadas (até aos anos 50) não se deu relevo aos desequilíbrios regionais, primeiro julgando-se que haveria uma tendência natural para o equilíbrio e depois, mesmo admitindo-se que assim não acontecesse, não se sendo sensível aos seus inconvenientes[56].

A constatação de que de facto em muitos casos se tende para a acentuação dos desequilíbrios, na linha por exemplo dos modelos de "causação cumulativa" ou do "centro-periferia", foi acompanhada do reconhecimento dos seus inconvenientes, bem como da constatação de que vale a pena intervir, conseguindo-se contrariar essa tendência.

Na Europa temos bem a ilustração desses inconvenientes, por exemplo em França ou em Portugal. São vários os casos de obras que ficam muito mais caras nas capitais destes países, já congestionadas, ou de serviços que são por isso menos eficientes.[57] Pelo contrário, os exemplos da Holanda, da Alemanha ou da Suíça são claros, sem cidades de grande dimensão (Berlim está fora da grande área de maior actividade industrial do país) e um ordenamento equilibrado do território.

---

[56] Sobre a evolução verificada pode ver-se Porto (2001, pp. 375ss.). A título de exemplo, havendo numa região atrasada uma oferta de mão-de-obra muito maior do que a procura, os salários seriam naturalmente mais baixos, e escasseando o capital, os juros seriam mais elevados. Seria por isso uma região atractiva para investimentos vindos de fora, promovendo-a e aproximando-a das regiões antes com salários mais elevados e dinheiro mais barato.

[57] Com exemplos bem expressivos da França podem ver-se Monod e Castelbajac (2004, pp. 11-2); infelizmente exemplos também de Portugal, v.g. com o Estado a pagar o enorme defice da exploração dos transportes urbanos apenas nas áreas mais favorecidas do país.

54 *O Orçamento da União Europeia*

Trata-se de maior equilíbrio que por diversas razões, desde logo pela oferta de condições mais fáceis para a iniciativa das pessoas, leva a que haja um aproveitamento maior (diria, quase completo) dos recursos e das oportunidades de que se dispõe; com as novas tecnologias de informação e de comunicação a tornar indiferente a distância, sendo indiferente que o *e-mail* venha da mesma cidade ou de muitas centenas de quilómetros de distância.

Conforme voltaremos a referir adiante, com um desenvolvimento mais equilibrado há ainda menos movimentos migratórios das áreas mais desfavorecidas para as mais favorecidas, evitando-se os consequentes custos humanos e problemas de integração, e são alargadas as oportunidades do mercado, sempre com grande benefício para quem tem mais capacidade competitiva.

Para o aparecimento tardio das preocupações e das políticas regionais contribuiram ainda outras circunstâncias, além das já referidas, com relevo designadamente no quadro europeu.

Uma primeira é a de só recentemente ter começado a haver informação estatística "regional", evidenciando os desequilíbrios existentes. Antes, poderia ter-se alguma intuição, mas não havia dados numéricos ilustrando as desigualdades[58].

Em segundo lugar, dava-se a circunstância de os seis países fundadores serem países ricos e sem grandes desequilíbrios. Como excepção estava apenas o *Mezzogiorno* italiano, claramente mais pobre e com problemas estruturais delicados. A questão dos desequilíbrios acentuou-se com duas das adesões dos anos 70, a da

---

[58] Em Portugal, depois de os dois primeiros Planos de Fomento (abrangendo os períodos de 1953 a 1958 e de 1959 a 1964) nada mencionarem (!), só no Plano Intercalar, para 1965-66, foi chamada a atenção para a existência e os inconvenientes dos desequilíbrios espaciais. O terceiro Plano de Fomento, para 1967-73, dedicou já um volume a esta questão, chamando a atenção para as diferenças muito grandes entre os PIB's *per capita* dos distritos do país e estabelecendo objectivos e medidas. Foi na sua sequência que se instituíram, em 1969, as primeiras estruturas regionais de promoção económica e social, as Comissões Consultivas (geralmente chamadas de Comissões de Planeamento) Regionais, dando lugar actualmente às Comissões de Coordenação e Desenvolvimento Regionais, CCDR's (cfr. Porto, 2004, pp. 554-5).

Irlanda, no conjunto então um país relativamente atrasado, e a do Reino Unido, com acentuados desequilíbrios internos; bem como, mais tarde, com as adesões da Grécia, da Espanha e de Portugal.

Estas circunstâncias ajudam a explicar que a política regional não tenha sido considerada no Tratado de Roma, em 1957, só passando a sê-lo com o Acto Único Europeu, em 1985. Mas com início nos anos 60, e com mais relevo nos anos 70, foram já muito sensíveis os passos dados: no plano institucional, v.g. com a criação de uma Direcção-Geral própria, em 1968 (no início designada por D.G.-16, a actual Regio) e os Regulamentos que se sucederam (estão em elaboração novos Regulamentos, na sequência do COM (2004) 492 final, de 17 de Julho de 2004); e no plano das verbas com as dotações muito avultadas que vieram a ser-lhe dedicadas, com a criação do FEDER (Fundo Europeu de Desenvolvimento Regional), em 1975, intervindo a par dos dois outros "fundos estruturais", o Fundo Social Europeu (FSE) e o FEOGA-Orientação, bem como do Fundo de Coesão.[59]

As figuras 1 e 2 ilustram bem a evolução ocorrida e a situação actual (em 2006).

Nas décadas que se seguiram foi clara a aproximação verificada de um modo geral entre os países, embora com alguns anos em que houve afastamento (assim aconteceu já com a Grécia e está a acontecer agora com Portugal); sendo mais duvidoso que tenha havido igualmente aproximação entre as regiões (NUT's 2, ou ainda 3)[60].

Mas foi de facto o reconhecimento de que vale a pena "lutar", o reconhecimento de que com a política regional se contribuíu para uma atenuação sensível de desequilíbrios, com benefícios em

---

[59] Sublinhando estes passos, em especial os acréscimos nas verbas atribuídas, com duplicação entre os dois primeiros Quadros Comunitários, pode ver-se Porto (2001, pp. 385ss.). Mas em vários escritos P. Cunha chama a atenção para o desequilíbrio verificado entre os "avanços" nas áreas política e monetária e a falta ou insuficiência da "dimensão de solidariedade"(ver por exemplo 2005, p. 109).

[60] Designadamente no nosso país (cfr. Porto, 2004, pp. 556-64 e Comissão Europeia, 2004f, pp. 67-70).

vários domínios, que determinou a sua manutenção e mesmo o seu reforço.

São em qualquer caso benefícios de avaliação difícil. Além de outras circunstâncias, pode acontecer que o crescimento maior dos PIB's tivesse tido lugar ou tenha agora lugar por outras razões, sem ser como consequência da política e dos fundos estruturais. É o problema do *anti-monde,* o problema de saber o que teria acontecido sem essas intervenções, como consequência natural das forças do mercado (ou de outras políticas).

Cálculos a que se tem procedido mostram contudo que tem havido um acréscimo sensível do crescimento dos "países da coesão" como consequência da aplicação dos fundos estruturais: no caso português o crescimento adicional acumulado terá sido de 9,2% até 1999 e estimou-se que poderá ser de 8,9% até 2020 (de 9,5% para a Grécia, até 2010, e de 8,7% para a Espanha, também até 2020: cfr. Porto, 2004, pp. 558-61).

c) Outras políticas e despesas

Trata-se de políticas que representam pouco, dada a exiguidade das verbas que lhes são atribuídas.[61]

A título de exemplo, tendo as políticas internas, como vimos há pouco, apenas 7,9% do orçamento, tem ainda algum significado a parcela, de mais de metade (56,6%), destinada ao Sexto Programa-Quadro de Investigação e Desenvolvimento Tecnológico, mas o mesmo não poderá dizer-se sobre os valores muito mais baixos destinados à "educação e cultura" (9,1% do destinado às políticas internas) ou à "saúde e defesa dos consumidores" (1,5%); percentagens pequeníssimas, pois, do orçamento da União Europeia[62].

---

[61] Justifica-se pois, com as críticas negativas e positivas de que são passíveis, o relevo muito maior que demos à PAC e à política regional (cfr. também por exemplo Lechantre e Schajer, 2004, dedicando-lhes 35 páginas no seu livro sobre "O Orçamento da União Europeia").

[62] Na figura A-1, em anexo (p. 96), pode ver-se como as políticas internas são dotadas no orçamento de 2006.

Assim acontece na lógica do princípio da subsidiariedade, sendo de pensar que estas intervenções devam ter lugar (pelo menos em muito maior medida), como vimos em 2.1, no plano interno, nacional ou mesmo regional.

Algo de paralelo se dirá em relação às acções externas (nem sequer se fala em "políticas", julga-se preferível falar em "acções"....), com uma dotação global que se queda por 4,8% do orçamento[63].

Mas ainda que se concorde com a "não comunitarização" destas políticas, ou com uma reduzida participação da União Europeia, há que reconhecer que terá sempre algum relevo a intervenção verificada: nem que seja como "sinal político" e complemento de apoio, suscitando o empenhamento também das entidades públicas e dos agentes privados dos países.

Aliás, se não se justificasse alguma intervenção estas políticas e acções não teriam sido consideradas nos Tratados e em rubricas do orçamento. Estando-o, não se compreende que tenham dotações financeiras mínimas, insuficientes.

E do relevo que podem ter, mesmo com meios não elevados, é possível dar exemplos bem esclarecedores.

5.2. O novo mapa da União Europeia, com os alargamentos

Sendo estes os juízos a fazer sobre as experiências passadas, tanto a política agrícola como a política regional têm de ser consideradas agora também face ao novo mapa da União Europeia, já com mais dez países membros e previsivelmente ainda em breve com outros dois (a Roménia e a Bulgária já em 2007).

A acrescer ao juízo que pode e deve fazer-se acerca dela, é evidente que a aplicação da PAC aos novos membros seria ruinosa em termos orçamentais, tendo os primeiros cálculos apontado para um custo semelhante ao suportado com os países que já eram

---

[63] Do seu relevo nas várias áreas do mundo é dada uma imagem pelo mapa da figura A-2, em anexo (p. 97).

membros[64]. Haveria pois uma duplicação de verbas para uma política que absorve cerca de 45% do total. Podendo adiar-se este encargo com derrogações na própria aplicação da PAC e com o limite estabelecido de as transferências globais para os novos países membros não poderem ir além de 4% dos PIB's, tal como está a proceder-se,[65] deverá perguntar-se se não deverá caminhar-se antes de imediato para uma PAC correcta, com menores custos orçamentais. Tal como a Reforma de 1992, com resultados claramente positivos, foi 'pressionada' pela necessidade de se concluir o Uruguai Round, o alargamento da União deveria ter sido um bom incentivo a uma nova reforma no sentido desejável[66].

---

[64] Cfr. Anderson e Tyers (1995). Os cálculos seguintes foram todavia já mais 'simpáticos' (ver Porto, 2001, pp. 470-3).

[65] Só assim pôde chegar-se à previsão de repartição das despesas agrícolas, entre anteriores e novos membros, ilustrada pela figura 5:

Figura 5

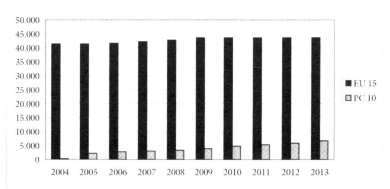

Fonte: Lopes (2004, p. 85). Sobre as hipóteses que se levantavam pode ver-se Allen (2005, pp. 232-4)

[66] Trata-se de "esperança" expressada por exemplo por Senik-Leygonie sublinhando que "la perspective de l'élargissement accroît la pression en faveur de la réforme de la PAC" (2002, p. 209).

Serão todavia mais uma vez as negociações internacionais, agora no quadro da OMC (e na sequência da Agenda de Doha) a levar a uma alteração significativa, tendo havido já um compromisso de princípio, na reunião de Hong-Kong, em Dezembro de 2005, de afastamento dos subsídios à exportação até 2013.

É obviamente diferente o juízo a fazer sobre a política regional, uma política correcta dos pontos de vista económico e social: de "primeiro óptimo", sem custos de distorção do mercado, podendo além disso beneficiar a generalidade dos cidadãos. E é ainda inquestionável que os novos membros devem ser participantes plenos nesta política, no seu interesse e no interesse do conjunto da União, naturalmente dentro dos limites da sua capacidade de absorção, a ninguém aproveitando se assim não acontecer[67].

5.3. As Perspectivas Financeiras para 2007-2013

A proposta da Comissão Europeia para as Perspectivas Financeiras para 2007-2013 consta, como se disse já, do COM (2004) 101, de 10 de Fevereiro de 2004 (Comissão Europeia, 2004a) (com alguns desenvolvimentos, no que respeita às políticas a seguir, no COM (2004) 487 final, de 14 de Julho: Comissão Europeia, 2004b).

Já no primeiro texto temos uma ampla reflexão, antecedendo e procurando justificar o quadro financeiro que se propõe[68]. A ambição em causa está reflectida, não só nos conteúdos, como na designação atribuída ao documento: *Construir o nosso Futuro em Comum.*

Nos documentos que se seguiram houve acertos em relação às verbas a acordar, mas não em relação às prioridades; todavia, até

---

[67] Analisando as implicações do alargamento para Portugal ver DGREI (2002), Fontoura e Crespo, org. (2004) ou ainda Lopes (2004), v.g. com um quadro (p. 88) mostrando a parcela que os novos membros têm tido na absorção dos fundos estruturais. A sua capacidade de absorção está todavia a aumentar em ritmo acelerado, com taxas muito elevadas de crescimento.

[68] A seu propósito parecem-nos adequadas as palavras de Durand dizendo que "the Communication on the next financial perspectives presented by the [Prodi] Commission on 10 February 2004 is the single most important political statement put foward in the last year of its mandate" (2004).

Será curioso referir que a manutenção de um período de vigência de sete anos contrariou uma posição do Parlamento Europeu, a favor de cinco anos (cfr. Colom I Naval, 2005a, p. 74 e 2005b, p. 20). Sobre a posição do Tratado Constitucional a este porpósito recorde-se a nota 35.

60 *O Orçamento da União Europeia*

Dezembro de 2005, numa linha geral de diminuição do relevo do orçamento da União Europeia.

a) Os montantes globais propostos

Os montantes globais propostos são uma primeira indicação, de grande significado, sobre a ambição dos responsáveis políticos actuais em relação ao papel a desempenhar pela União Europeia, afinal em relação ao propósito afirmado de "construção do nosso futuro em comum".

Voltaremos a este ponto em d), limitando-nos nesta alínea a indicar a evolução verificada com as propostas globais para as Perspectivas Financeiras para 2007-2013 (quadro 2):

Quadro 2

Perspectivas Financeiras para 2007-2013 (montantes globais, para dotações de autorização, em milhares de milhões de euros)

1.ª proposta da Comissão (Fev. 2004)	1025,04
Parlamento Europeu (Junho 2004)	974,00
2.ª proposta da Comissão (Junho 2005)	936,00
Presidência do Luxemburgo (Junho 2005)	871,51
1.ª proposta do Reino Unido (Dez. 2005)	846,75
2.ª proposta do Reino Unido (Dez.2005)	849,30
Conselho Europeu de Bruxelas (Dez. 2005)	862,36

Depois de a proposta inicial da Comissão ter sido de 1025,04 milhares de milhões de euros para dotações de autorização (928,70 para dotações de pagamento, 1,15% em relação ao rendimento

As despesas da União 61

nacional bruto, RNB[69], da União), foi-se assistindo à apresentação de propostas sucessivamente ainda mais modestas até Dezembro de 2005. Neste mês veio a haver pequenas recuperações, com a 2.ª proposta do Reino Unido e com o acordo a que se chegou no Conselho Europeu de Bruxelas, no dia 16: com dotações de autorização correspondentes a 1,045 do RNB da União, mas correspondendo as dotações de pagamento, com 819,38 milhares de milhões de euros, a 0,99% desse valor (aguardando-se agora, como se disse já, o acordo a que se chegará, na sequência da rejeição do Parlamento Europeu no dia 18 de Janeiro de 2006).

b) As prioridades estabelecidas

Havendo ainda alguma indefinição acerca do volume global das verbas, e anunciando por exemplo o Parlamento Europeu discordância quanto à ponderação e quanto à concretização de determinadas prioridades[70], a filosofia de base para as próximas Pers-

---

[69] O RNB é o referencial considerado agora, 'em vez' do PNB.

[70] A Resolução, depois de considerar que "a posição negocial do Parlamento Europeu, aprovada em 8 de Junho de 2005, assegura uma maior satisfação das prioridades políticas e das necessidades financeiras, uma modernização do orçamento através de uma maior flexibilidade e uma melhoria na qualidade de execução", "observa que as conclusões do Conselho Europeu se concentram em políticas tradicionais, as quais são geridas pelos Estados-Membros, em vez de destacarem políticas que permitam à União Europeia fazer face a novos desafios e desenvolver a mais-valia europeia para os cidadãos". Lamenta, "neste contexto, a inaceitável redução nas dotações de autorização destinadas à competitividade, ao crescimento e ao emprego, apesar da ênfase dada por todas as instituições da UE à estratégia de Lisboa, bem como os cortes nas dotações destinadas à cidadania, à liberdade, à segurança e justiça e às acções externas". "Deplorando" ainda "que os Estados-Membros lutem por preservar os seus interesses nacionais, em vez de promoverem a dimensão europeia, e se mostrem incapazes de resolver a questão essencial da reforma do sistema de recursos próprios", num número adiante reforça algumas destas ideias e acrescenta outras, ao "rejeitar" "as conclusões do Conselho Europeu na sua actual forma, por não garantirem um orçamento da UE que promova a prosperidade, a competitividade, a solidariedade, a coesão e a segurança no futuro, em conformidade com as políticas

pectivas Financeiras, que não foi posta em causa, é a que consta do COM (2004) 101. Algumas sugestões de alterações de verbas são aliás feitas porque se entende que só assim se assegura a prossecução dos objectivos fixados nesse documento.

Nos seus termos, são três as prioridades básicas para o período de 2007-2013:

1. "O mercado interno deve realizar-se plenamente, para que possa desempenhar integralmente o seu papel na realização do objectivo mais amplo do desenvolvimento sustentável, mobilizando para o efeito as políticas económicas, sociais e ambientais (esta medida engloba a competitividade, a coesão e a gestão e protecção sustentáveis dos recursos naturais)".

2. "O conceito político de cidadania europeia articula-se em torno da realização de um espaço de liberdade, justiça e segurança e de acesso aos bens públicos de base".

3. "A Europa deve projectar uma imagem coerente como parceiro mundial, inspirando-se nos seus valores fundamentais ao assumir responsabilidades regionais, promover o desenvolvimento sustentável e contribuir para a segurança civil e estratégica".

c) O relevo maior ou menor das várias políticas

Foi em torno destas prioridades que a Comissão apresentou um quadro financeiro logo no COM (2004) 101[71]; e continuam a

---

já decididas pelo próprio Conselho, por não honrarem os compromissos assumidos perante os novos Estados-Membros e por não preverem um mecanismo de flexibilidade suficiente e pormenorizado...".

Reflectindo tantos propósitos desejáveis, compreender-se-á melhor a votação esmagadora verificada em Estrasburgo no dia 18 de Janeiro de 2006 (referimo-la na nota 11).

[71] Tendo agora um interesse mais "histórico", publicamo-lo em anexo, como quadro A-2 (p. 98). Com a sua análise pode ver-se Porto (2004, pp. 574- -80 e 2006).

As despesas da União 63

estar presentes no quadro aprovado no Conselho Europeu de 16 de Dezembro (o quadro 3), mantendo-se exactamente as mesmas rubricas (para que possam estabelecer-se comparações, na primeira coluna incluem-se os valores de 2006, naturalmente ainda das Perspectivas Financeiras em curso, mas integrados nas "novas" categorias).

Além de se considerarem os três objectivos referidos há pouco, respectivamente nos capítulos n.ᵒˢ 1, 3 e 4, no n.º 2 é considerada a política agrícola comum (a PAC). Procurando enquadrá-la numa nova filosofia, as despesas ligadas ao mercado e aos pagamentos directos estão inseridas num capítulo com o título 'promocional' de "gestão sustentável e protecção dos recursos naturais". Por fim, há ainda naturalmente um capítulo dedicado à administração (o n.º 5) e outro a compensações (o n.º 6).

Constata-se que, de acordo com o que é proposto, em 2013 uma parcela muito importante do orçamento continuará a ser destinada à "velha" PAC, com 32,1% do total para autorizações. Embora se verifique assim uma diminuição sensível, tanto em termos relativos (em 2006 representará ainda 36,2%) como absolutos, continuará a ter a maior parte (79,5%) do dinheiro da rubrica "gestão sustentável e protecção dos recursos naturais"[72].

Há que reconhecer porém que constitui um facto novo, de saudar, que as verbas atribuídas à PAC (40,645 milhares de milhões de euros em 2013, portanto menos do que em 2006, quando serão de 43,735) sejam ultrapassadas pelas verbas destinadas ao "crescimento sustentável", no capítulo 1 (57,841, numa linha indispensável de melhoria de competitividade da UE).

Por seu turno neste capítulo a "coesão para o crescimento e emprego" tem um aumento de 16,6% em relação a 2006, representando 35,7% do orçamento total (um pouco acima da percentagem de 2006). Continua a dar-se pois um relevo assinalável à

---

[72] À nossa insatisfação (da nossa parte, só no que diz respeito à PAC...) pode juntar-se por exemplo a de Begg, chamando a atenção para que os gastos com a agricultura e a coesão terão descido apenas de 0,79% do PIB em 2006 para 0,75% em 2013 (2004, p. 5).

Quadro 3

Panorâmica geral do novo quadro financeiro 2007-2013 (Conselho Europeu de Bruxelas, Dezembro de 2005)

Milhões de € a preços de 2004

DOTAÇÕES DE AUTORIZAÇÃO	2006 (a)	2007	2008	2009	2010	2011	2012	2013	TOTAL 2007/13
1. Crescimento sustentável	**47.582**	**51.090**	**52.148**	**53.330**	**54.001**	**54.945**	**56.384**	**57.841**	**379.739**
1.a Competitividade para o crescimento e para o emprego	8.791	8.250	8.860	9.510	10.200	10.950	11.750	12.600	72.120
1.b Coesão para o crescimento e para o emprego	38.791	42.840	43.288	43.820	43.801	43.995	44.634	45.241	307.619
2. Gestão sustentável e protecção dos recursos naturais	**56.015**	**54.972**	**54.308**	**53.652**	**53.021**	**52.386**	**51.761**	**51.145**	**371.245**
dos quais: agricultura, despesas ligadas ao mercado e pagamentos directos	43.735	43.120	42.697	42.279	41.864	41.453	41.047	40.645	293.105
3. Cidadania, liberdade, segurança e justiça	**1.381**	**1.120**	**1.210**	**1.310**	**1.430**	**1.570**	**1.720**	**1.910**	**10.270**
3.a Liberdade, Segurança e Justiça		600	690	790	910	1.050	1.200	1.390	6.630
3.b Cidadania		520	520	520	520	520	520	520	3.640
4. A UE enquanto parceiro mundial (c)	**11.232**	**6.280**	**6.550**	**6.830**	**7.120**	**7.420**	**7.740**	**8.070**	**50.010**
5. Administração (d)	**3.436**	**6.720**	**6.900**	**7.050**	**7.180**	**7.320**	**7.450**	**7.680**	**50.300**
6. Compensações	**1.041**	**419**	**191**	**190**					**800**
Total dotações para autorizações	**120.687**	**120.601**	**121.307**	**122.362**	**122.752**	**123.641**	**125.055**	**126.646**	**862.364**
Total dotações para autorizações como percentagem do RNB		1,10%	1,08%	1,06%	1,04%	1,03%	1,02%	1,00%	1,05%
Total dotações para pagamentos (b) (c)	**114.740**	**116.650**	**119.535**	**111.830**	**118.080**	**115.595**	**119.070**	**118.620**	**819.380**
Total dotações para pagamentos como percentagem do RNB	1,09%	1,06%	1,06%	0,97%	1,00%	0,96%	0,97%	0,94%	0,99%
Margem disponível	0,15%	0,18%	0,18%	0,27%	0,24%	0,28%	0,27%	0,30%	0,25%
Tecto de recursos próprios em percentagem do RNB	1,24%	1,24%	1,24%	1,24%	1,24%	1,24%	1,24%	1,24%	1,24%

Fonte: Council of the European Union, *Final Comprehensive Proposal from the Presidency on the Financial Perspectives 2007-2013*, Doc. 15915/05, p. 33

(a) As despesas de 2006 no âmbito das actuais perspectivas financeiras foram discriminadas de acordo com a nova nomenclatura proposta para referência e para facilitar as comparações.

(b) Inclui as despesas para o Fundo de Solidariedade (mil milhões de euros em 2004 a preços correntes) a partir de 2006. No entanto, os pagamentos correspondentes são calculados apenas a partir de 2007.

c) Parte-se do princípio que a integração do FED no orçamento da UE terá efeito em 2008. As autorizações para 2006 e 2007 são incluídas apenas para efeitos de comparação. Os pagamentos relativos a autorizações anteriores a 2008 não são tidos em conta nos números relativos ao pagamento.

(d) Inclui as despesas administrativas para outras instituições que não a Comissão, pensões e escolas europeias. As despesas administrativas da Comissão estão integradas nas primeiras quatro rubricas de despesas.

política regional (e social), que se justifica não só por razões de justiça como de garantia e reforço sustentado das condições de concorrência[73]; não podendo todavia deixar de notar-se que enquanto a rubrica 1b, preocupada com a coesão, tem um crescimento de 16,6% em relação a 2006, a rubrica 1a, preocupada pura e simplesmente com a competitividade (sem cuidar de factores regionais), tem um crescimento de 43,3% em relação a 2006.

Embora possam recear-se concentrações geográficas não justificadas, nas circunstâncias históricas actuais compreender-se-á que haja de facto um crescimento percentual maior para a "competitividade para o crescimento e o emprego", com verbas que, subindo de 8,791 milhares de milhões de euros em 2006 para 12,600 em 2013, passam a representar 9,9% do total do orçamento. Tem-se assim designadamente em conta a Estratégia de Lisboa[74]. Fica de qualquer modo com menos de um terço das verbas para a "coesão para o crescimento e para o emprego" (em grande medida para a política regional). E será de referir que o aumento verificado, com o acordo final do Conselho Europeu de Bruxelas (em Dezembro de 2005), de 43,3%, é muito menor do que o que estava proposto no documento inicial da Comissão (em Fevereiro de 2004), com 25,825 milhares de milhões de euros para 2013: ou seja, quase triplicariam os montantes.

Tendo havido nesta medida no Conselho Europeu de Bruxelas, de 16 de Dezembro de 2005, um maior "ganho de causa" para a política regional, pelo menos uma perda menor, com vantagem designadamente para Portugal, há aqui uma responsabilidade acrescida, com uma boa aplicação dos recursos através da qual seja possível que com um maior equilíbrio espacial haja, no interesse de todos, um reforço da competitividade da União Europeia.

Ainda que continue no final das Perspectivas (em 2013) a beneficiar de uma percentagem muito pequena do orçamento da EU (1,5

---

[73] Seguindo-se ao documento em análise, em 18 de Fevereiro de 2004 a Comissão Europeia publicou, nesta linha, um documento com o título significativo de *Uma Nova Parceria para Coesão: Convergência, Competitividade, Coesão* (2004c).

[74] Bem como o Relatório Sapir (Sapir *et al.*, 2004).

total), com uma quebra muito grande em relação à proposta inicial da Comissão, justifica-se igualmente o aumento das verbas para a "cidadania, liberdade, segurança e justiça", de 1,381 em 2006 para 1,910 milhares de milhões de euros em 2013, ou seja, de 38,3%: face a problemas de grande delicadeza e actualidade, que vão da integração dos imigrantes ao combate à criminalidade e ao terrorismo.

Estando alguns destes problemas ligados basicamente a problemas de coesão, aumenta também por isso a responsabilidade das políticas respectivas, com uma integração real das pessoas e a consequente diminuição de focos de tensão (lembremo-nos dos incidentes ocorridos em França nos últimos meses de 2005).

Por fim, não podendo a União Europeia deixar de ter enormes responsabilidades e interesses no plano mundial, acrescidos com o processo de globalização que está em curso, não pode deixar de lamentar-se a redução verificada na secção 4, "a UE enquanto parceiro mundial", mais uma vez por exemplo em 2013: não só em relação ao inicialmente proposto pela Comissão, 15,740 milhares de milhões de euros (haveria um acréscimo de 40,1%), mesmo em relação ao que já se verifica actualmente: descendo-se de 11,232 milhares de milhões de euros em 2006 para 8,070 em 2013 (uma diminuição, pois, de 28,2%). Fica-se assim com menos de 6,4% do total[75].

d) A insuficiência geral do orçamento

Também em 2004 a Comissão publicou dois documentos sobre o financiamento do orçamento (2004d e 2004e): o primeiro *Financiamento da União Europeia. Relatório da Comissão sobre o*

---

[75] Embora não podendo esquecer-se que são europeus os países do mundo que (num plano bilateral) fazem um esforço maior na ajuda ao desenvolvimento (cfr. Porto, 2004, pp. 533-5); ou ainda por exemplo que a União Europeia é a longa distância o melhor mercado e o maior doador para a África, o continente mais pobre do mundo (cfr. Porto, 2001, p. 520 e *Questions Internationales,* 2006, cit., p. 93, bem como de novo o mapa da figura A-2 em anexo, p. 97).

funcionamento do sistema de recursos próprios e o segundo com a *Proposta de Decisão do Conselho relativa ao sistema de recursos próprios das Comunidades Europeias.*

Tomando como base de referência o "limite máximo dos recursos próprios em percentagem do RNB" (valor naturalmente acima dos valores das dotações de autorização e das dotações de pagamento: cfr. o quadro 3, p. 64), a Comissão, sendo sensível às dificuldades financeiras que se verificam, acaba por ficar no limite de 1,24 (do RNB, rendimento nacional bruto, tendo-se deixado, como se disse já, de relacionar o orçamento com o PNB). Mas sublinha que "um quadro alternativo de 1,30% permitiria à União responder melhor" às necessidades registadas "e, contudo permanecer moderado" (Comissão Europeia, 2004d, p. 210).

Estando fora de causa a defesa de orçamentos "pesados" (o autor destes apontamentos nunca a fará), há que perguntar com seriedade se no caso da União Europeia não se estará aquém do mínimo indispensável para que se corresponda aos objectivos mínimos a atingir. Não se trata de ir para os valores de 5 a 7% dos PIB's propostos no Relatório McDougal nos anos 70 (Comissão Europeia, 1977). Mas já Jacques Delors anos atrás, quando do Pacote Delors I, muito antes das novas exigências dos alargamentos actuais, havia proposto com realismo um valor entre 1,34 e 1,37% do PIB, mais do que os 1,27% que vieram a ser então estabelecidos.

Vale aliás a pena comparar o orçamento da União Europeia com os orçamentos dos Estados-membros (figura 6):

Figura 6

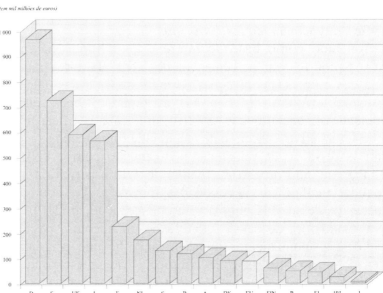

Fonte: Comissão Europeia (2000, p. 41)

Constata-se que a situação actual é de, por exemplo, o orçamento português ser apenas 25% menor do que o orçamento da União Europeia, apesar de estarmos aqui face ao maior espaço económico do mundo, com responsabilidades talvez sem paralelo[76].

---

[76] Steckel-Montes compara o orçamento da UE com os orçamentos da França e dos Estados Unidos (2005, p. 10); referindo Colom I Naval a sua 'localização' entre os orçamentos da Dinamarca e da Filândia, sendo dois terços do espanhol (2005a, p. 61 e 2005b, p. 19).

São ainda curiosas as comparações das despesas das instituições europeias (com frequência acusadas de despesistas; havendo sem dúvida casos em que poderá haver uma maior eficácia) com os orçamentos de autarquias: tendo a Comissão um orçamento menor do que o do *Mayor* de Londres e o conjunto das instituições menor do que o do *Maire* de Paris (Begg, 2004, p. 1). Colom I Naval, por seu turno, sublinha que "el presupuesto para los más de 450 millones de europeos que la U.E. tiene en 2005 sólo es unas once veces el de la Xunta" da Galiza (2005a, loc. cit.).

De um modo mais sugestivo, este autor acrescenta ainda que "los aproximadamente 240 euros *per cápita* que representa el presupuesto europeo de los

É aliás a própria Comissão (2004e, p. 30), depois de falar em "compromissos" que "não podem ser ignorados" (em relação aos objectivos referidos atrás), a afirmar que um tecto de aproximadamente 1% do RNB não seria suficiente para satisfazer os compromissos assumidos pelo Conselho Europeu, designadamente em relação aos pagamentos agrícolas ou à coesão nos dez novos Estados-membros, sob pena de renunciar a outras tarefas igualmente básicas.

Mostrando o relevo cada vez menor do orçamento da EU, quando comparado com as despesas públicas dos Estados-membros e com o PIB da União, é bem esclarecedora a imagem dada pela figura 7:

Figura 7

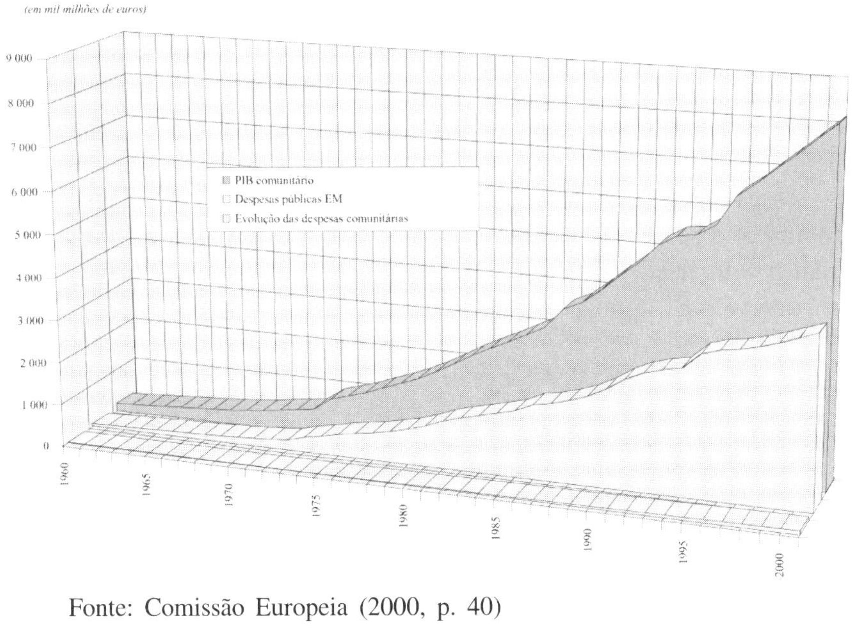

Fonte: Comissão Europeia (2000, p. 40)

últimos años difícilmente permitirían ahora pagar un café al día a cada uno de los ciudadanos europeos en la mayoría de los estados miembros, a diferencia de lo que escribí a mediados de los años noventa".

6. AS RECEITAS DA UNIÃO

6.1. Os antecedentes e o financiamento com recursos próprios

Vimos já atrás que, depois de a CECA ter tido um financiamento numa lógica comunitária, com um imposto sobre produtos do carvão e do aço, as Comunidades criadas em 1957, a CEE e a CEEA, foram financiadas até 1970 com recursos nacionais.

Só então, a partir de 1971, por força de Decisão do Conselho de 21 de Abril de 1970, na sequência dos acordos de Luxemburgo, se caminhou no sentido de os custos serem cobertos com "recursos próprios"[77]: os "recursos próprios tradicionais" (RPT), constituídos pelos impostos alfandegários, com a aplicação prevista, entre 1971 e 1975, da Pauta Exterior Comum, e pelos direitos niveladores da PAC (recorde-se de 5.1a), pp. 49-50); e o recurso IVA, recaindo sobre a matéria colectável deste imposto, até a um montante determinado[78]. Mais tarde, face às iniquidades resultantes de um sistema dependente exclusivamente de impostos indirectos (ilustrá-lo-emos no próximo número), foi estabelecido um novo meio de financiamento, o 4.º recurso: uma participação nos PNB's dos países.

A evolução verificada e a situação actual são ilustradas pelas figuras que se seguem (figuras 8 e 9, esta última acompanhada do quadro numérico respectivo; sendo nítido o aumento do relevo do "recurso RNB" ainda de 2005 para 2006):

---

[77] Sobre a oposição de Charles de Gaulle, enquanto Presidente da França, a esta e a outras vias de maior integração pode ver-se V. Maior (1998, pp. 342-3)

[78] Com uma taxa primeiro de 1% e depois de 1,4%; determinando-se todavia mais recentemente, para diminuir a regressividade, que a base do imposto ficasse limitada a 55% ou a 50% do PNB (a preços do mercado) de cada Estado--membro (mecanismo de nivelamento), bem como ainda reduções da taxa, para 0,5% a partir de 2004.

A instituição do "recurso IVA" como recurso comunitário exigiu a harmonização da sua base (não sendo assim, pagar-se-ia menos tendo-se uma base menor...), com especial relevo para a 6.ª Directiva, de 1977.

A acrescer aos recursos referidos no texto tem havido, continuando a haver, recursos específicos que têm um significado global muito pequeno: como são os casos dos impostos sobre as remunerações dos funcionários comunitários e dos descontos para o Fundo de Pensões.

Figura 8
Evolução das receitas comunitárias entre 1971 e 2001

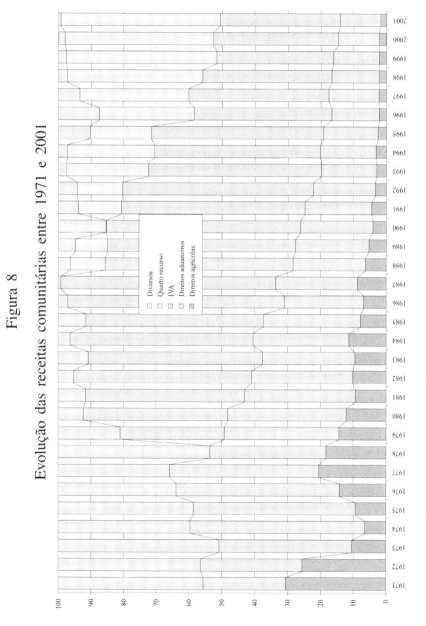

Fonte: Comissão Europeia (2000, p. 45)

Figura 9
Repartição de financiamento por tipo de receita

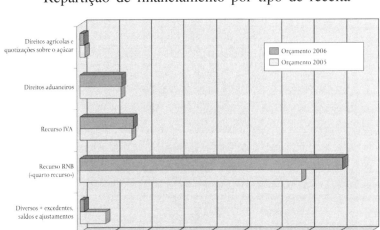

Fonte: Comissão Europeia (2000, p. 24)

6.2. Os recursos próprios. Análise crítica

Grande parte da experiência anterior é de facto muito negativa do ponto de vista da equidade, sendo todavia de registar uma melhoria nítida a partir de meados dos anos 90.

Sendo durante vários anos o orçamento financiado em muito maior medida (no início mesmo em exclusivo) através de impostos indirectos (casos dos impostos alfandegários, dos direitos niveladores agrícolas e do "recurso IVA"), chegou-se à situação documentada pelo quadro 4, relacionando o contributo por habitante de cada país com o seu rendimento pessoal:

Quadro 4

Recursos Próprios/PIB *per capita*

	1993	**1997**
Alemanha	1,18	1,20
Bélgica	1,45	1,41
Dinamarca	1,09	1,07
Espanha	1,14	1,13
França	1,11	1,12
Grécia	1,37	1,09
Holanda	1,59	1,5
Irlanda	1,49	1,08
Itália	0,99	0,96
Luxemburgo	1,13	1,22
Portugal	1,40	1,17
Reino Unido	0,87	0,77

Fonte: Coget (1994, p. 83) e Haug (1999, p. 25)

Tratava-se pois de uma situação de inaceitável regressividade, de um modo geral com uma oneração maior dos cidadãos dos países mais pobres (casos da Grécia e de Portugal) do que a dos cidadãos dos países mais ricos (casos da Alemanha, da Dinamarca, do Luxemburgo ou do Reino Unido)[79].

---

[79] Os valores mais elevados da Holanda e da Bélgica resultam do papel desempenhado pelos portos de Roterdão e Antuérpia, havendo aí uma grande cobrança de impostos alfandegários, de diferenciais agrícolas e do recurso IVA sobre produtos que vêm a ser consumidos (onerando-os) por cidadãos de outros países (por exemplo do Luxemburgo, da Alemanha ou da França).

74 *O Orçamento da União Europeia*

A situação melhorou já de 1993 para 1997, com a diminuição do "recurso IVA" e o aumento do relevo do "recurso PNB" (cfr. Quelhas, 1998); continuando todavia um português a pagar 1,17% do seu rendimento pessoal, quando um dinamarquês pagou 1,07% e um francês 1,12%.

Não temos cálculos mais recentes, mas é seguro que a regressividade se atenuou ou terá desaparecido mesmo a partir de meados dos anos 90, com o peso maior que passou a ter o "quarto recurso" (PNB ou RNB). Podemos vê-lo no quadro 5, documentando com os números o que se via já na figura 8:

Quadro 5

Composição dos recursos próprios da EU
(em percentagem do total dos recursos próprios)

	1996	1997	1998	1999	2000	2001	2002[1]	2003[2]	2004[3]	2005
RPT	19,1%	18,8%	17,2%	16,8%	17,4%	18,1%	11,9%	13,0%	12,0%	11,4%
IVA	51,3%	45,5%	40,3%	37,8%	39,9%	38,7%	28,8%	24,4%	14,6%	14,1%
PNB/RNB	29,6%	35,7%	42,5%	45,4%	42,7%	43,2%	59,3%	61,6%	73,4%	74,5%
Total recursos próprios (mil milhões de euros	**71,1**	**75,3**	**82,2**	**82,5**	**88,0**	**80,7**	**77,7**	**83,6**	**93,3**	**108,5**

Fonte: Comissão Europeia (2004d, p. 3)

[1] A partir de 2002, a percentagem dos RPT retida pelos Estados-Membros enquanto compensação pelos custos de cobrança foi aumentada de 10% para 25%. Esta diferença representou cerca de 2,2 mil milhões de euros em 2002 e 2003.

[2] Anteprojecto do orçamento rectificativo n.º 8/2004 (UE-25).

[3] Anteprojecto do orçamento 2005.

Reduzindo-se a participação da tributação indirecta (recursos próprios tradicionais e IVA) de 70,4% em 1996 para 25,5% em 2005, tendo por seu turno o recurso PNB/RNB passado de 29,6%

para 74,5%, deu-se um passo importante no sentido de uma maior justiça.

6.3. **A procura de recursos mais adequados**

São várias as sugestões anteriores de modos de financiamento mais adequados, apresentadas por instituições, responsáveis políticos e académicos.

As sugestões mais recentes constam do COM (2004) 501 e de um discurso do Presidente do Conselho em exercício, o Chanceler austríaco Wolfgang Schüssel, o discurso de apresentação do Programa da Presidência, no dia 18 de Janeiro de 2006.

O documento da Comissão (Comissão Europeia, 2004 d, pp. 40-1), apontou para que o "sistema de recursos próprios da União" passasse "de um sistema de financiamento predominantemente baseado em contribuições nacionais para um sistema de financiamento que reflectiria melhor uma União de Estados Membros e as populações da Europa".

Assim deveria ser em resposta a alegadas críticas de "falta de transparência para os cidadãos da União Europeia", de "autonomia financeira limitada" e de "complexidade e opacidade"[80].

Sugere-se por isso a substituição parcial das contribuições RNB por "recursos fiscais relativamente importantes e visíveis, a pagar pelos cidadãos da UE e/ou pelos operadores económicos", sendo apontados como "candidatos principais" "1) um imposto sobre o rendimento das sociedades, 2) um verdadeiro recurso IVA e 3) um imposto sobre a energia".

---

[80] Acrescentando-se todavia logo no parágrafo seguinte que "o sistema actual de financiamento funciona relativamente bem de um ponto de vista financeiro, na medida em que assegurou um bom financiamento e manteve os custos administrativos do sistema a um nível bastante baixo". Sendo ainda justo e não penalizador da competitividade, quando comparado com o que se propõe (vê-lo-emos a seguir), há que ponderar seriamente se se justificará a sua alteração.

76   *O Orçamento da União Europeia*

Se se quer privilegiar a *accountability* e a transparência para os cidadãos, exigindo 'contrapartida' do que sentem que estão a pagar, trata-se de propósito que não se atinge todavia obviamente com o IVA, que como se sabe recai sobre os consumidores, sem que dele se apercebam (assim acontecerá também em grande medida com a tributação das sociedades e mesmo da energia).

Por outro lado, há mais valores a ter em conta, o primeiro dos quais é o valor da justiça na tributação, sendo ainda da maior importância assegurar a competitividade da União Europeia, valores que ficam gravemente prejudicados com as propostas feitas (não sendo já preocupante que se trate de uma Europa *de países*…).

É aliás especialmente chocante que entre os sete critérios de avaliação considerados pelo COM (2004) 505 (Comissão Europeia, 2004d, p. 4) para apreciar o sistema de recursos próprios não esteja um critério de equidade. São tidos em conta os critérios de "visibilidade e simplicidade", "autonomia financeira", "contribuição para uma afectação eficiente dos recursos económicos", "suficiência", "despesas administrativas eficazes", "receitas-estabilidade" e "igualdade na contribuição bruta". Mas não se cuida de saber se se trata de receitas com uma distribuição justa entre os cidadãos (não é esta a preocupação quando se fala em "igualdade na contribuição bruta").

Estamos a assistir aliás ao espectáculo de os países da União Europeia estarem preocupados apenas com a ideia do "justo retorno"[81], conforme sublinharemos em 7. Foi nesta linha a exigência e a aceitação do "cheque" britânico (embora para esta causa pudesse haver no início alguma compreensão: recorde-se da nota 39), estendida a outros países ricos, tendo a "preocupação" da comparação entre o que os países pagam e recebem suscitado a atenção quase exclusiva, com vários cálculos, dos dois documentos da Comissão Europeia que temos vindo a analisar.

Trata-se de uma lógica nacional, de forma alguma comunitária. Poderá todavia haver quem concorde com que o seja. Mas o que ninguém pode compreender é que o que é exigível a nível nacional,

---

[81] Cfr. Begg (2004, p. 3), Colom I Naval (2000a, 2000b e 2005 b, p. 21), Le Cacheux (2005) ou de novo Porto (1999, pp. 103-4).

As receitas da União   77

uma repartição justa dos encargos entre os cidadãos, deixe de se verificar no seio da União Europeia, onde, seja qual for o modelo político para que se caminhe, importa que os cidadãos sejam tratados com justiça[82].

É pois inaceitável que se volte à situação do início dos anos 90, de uma distribuição regressiva como consequência do peso do IVA.

Um peso exagerado da tributação das sociedades e da energia põe por sua vez em causa a competitividade da União Europeia, num mundo aberto em que temos que dar atenção a todos os factores que possam prejudicar-nos (a tributação da energia leva ainda a um aumento da regressividade sendo abrangidos consumos domésticos, dado que percentualmente gastam mais em energia os pobres do que os ricos, bem como a uma oneração maior dos países da periferia, mais dependentes dos custos de transportes: ver Porto, 2002).

De nada adianta dizer, em termos sedutores (Comissão Europeia, 2004e, p. 41), que "em cada caso, a pressão fiscal sobre os cidadãos, não tem de aumentar, uma vez que a taxa do imposto da UE poderia ser contrabalançada por uma diminuição da parte do mesmo imposto, ou de outros impostos, que reverte a favor do orçamento nacional". Fica todavia por resolver satisfatoriamente (ainda que se mencione) a questão da distribuição pelos países, com os impostos indirectos a recair mais sobre os países pobres, quando o recurso RNB recai sobre os países ricos. A quebra de receita nacional não pode por outro lado deixar de ser compensada em todos os países por tributação indirecta, face à falta de margem de manobra com a tributação directa, com consequências no agravamento da regressividade que já se sublinhou.

---

[82] Na Agenda 2000 a Comissão Europeia (1997) veio defender que a preocupação de equidade não tem de verificar-se no lado das receitas, apenas no lado das despesas. Trata-se de separação inaceitável, de um modo especial na União Europeia, que, como vimos já, acentua desigualdades também pelo lado das despesas (com a PAC).

Tendo a preocupação de justiça de ser uma preocupação básica em qualquer sociedade, não pode deixar de o ser numa entidade com os valores e as responsabilidades da União Europeia.

São em alguma medida passíveis das mesmas críticas as sugestões do Chanceler Wolfgang Schüssel.

Parte também da ideia de que "Europe needs more self-financing", de que "we cannot continue to carve everything that we need for Europe out of the national budgets".

Como sugestões avança duas, a tributação de movimentos de capitais especulativos e a tributação de transportes aéreos e aquáticos: "we cannot have a situation where short-term financial speculation is entirely exempt from taxation, or where air or ship transport are entirely exempt from taxation". Solicita consequentemente à Comissão "to include these topics in its review"[83], bem como o apoio do Parlamento Europeu.

Trata-se todavia de actividades que poderão estar sujeitas aos impostos gerais, designadamente aos impostos sobre os lucros e outros ganhos; estando os transportes mencionados sujeitos ainda por exemplo aos impostos sobre os combustíveis e a outros encargos (v. g. aeroportuários e portuários).

Em relação aos transportes põem-se por seu turno também problemas de regressividade e ainda o problema muito delicado da maior oneração dos países da periferia (não dos países ricos do centro da Europa...), muito mais afastados, na casa dos milhares de quilómetros, dos centros principais de abastecimento e de colocação dos seus produtos.

Em ambos os casos tem de perguntar-se aliás se uma oneração exagerada das circulações (de capitais[84], bens e pessoas) não limitará a capacidade competitiva da Europa, num mundo globalizado que não se compadece com ineficiências.

Não se vê além disso que com estes impostos se consiga a tão desejada maior responsabilização dos cidadãos, com o conhecimento do que estão a pagar.

---

[83] O Presidente da Comissão Europeia, Durão Barroso, veio sublinhar a necessidade de se proceder a um estudo aprofundado dos recursos próprios, estando prevista para 2009 a apresentação do relatório sobre esta temática.

[84] O problema tem sido muito discutido a propósito da "taxa Tobin" (cfr. Economist, 1999, Pires, 2001, Jégourel, 2002 ou ainda a crítica do próprio actual Comissário responsável pela Fiscalidade, Laszlo Kovacs: *Diário Económico* de 27 de Fevereiro de 2006, p. 11).

De acordo com as palavras proferidas, o Presidente do Conselho está preocupado com que haja uma "uncomfortable tension between net payers and net recipients". Mas não pode deixar de haver alguma contradição nos propósitos, a tensão será menor com participações nacionais (v.g. dos PNB's ou dos RNB's), não sentindo os contribuintes que estão a contribuir para a União Europeia...

Poderão sem dúvida analisar os montantes assim transferidos, com os alemães a constatar que a Alemanha paga muito mais do que qualquer outro país.

Mas os juízos correctos a fazer terão de ser sempre sobre as consequência económicas das várias formas de intervenção, tendo de ter obviamente um relevo primordial o modo como os encargos se repartem entre os cidadãos. São eles ao fim e ao cabo os onerados, não podendo haver cidadãos "de primeira" e "de segunda", com uma oneração maior dos cidadãos europeus de rendimentos mais modestos...

Uma distribuição justa, mesmo progressiva, que satisfaria simultaneamente os requisitos de transparência e *accountability*, seria conseguida com uma tributação ligada aos impostos pessoais sobre os rendimentos das pessoas, os IRS's[85]. Compreende-se todavia a dificuldade desta solução, obrigando a uma harmonização das bases tributárias que os países não aceitarão[86].

Sendo assim, o sucedâneo mais próximo, mais justo e menos penalizador da competitividade da União Europeia (ainda de administração mais fácil e barata), acaba por ser o recurso PNB (ou RNB).

Não poderá aliás deixar de lembrar-se que a preocupação com a regressividade do sistema, ausente de documentos mais recentes, havia ficado bem sublinhada no Protocolo n.º 15 do Tratado de Maastricht, em 1992 (ver C. Silva, 2004, p. 201 e Porto, 2001, p. 409). Na sequência correcta desta preocupação a Agenda 2000

---

[85] Referimo-lo num relatório que elaborámos no Parlamento Europeu, onde desempenhámos a função de Vice-Presidente da Comissão dos Orçamentos, BUDG (Porto, 1999, pp. 103-104).

[86] Na linha do que aconteceu para o "recurso IVA" (recorde-se da nota 78).

80   *O Orçamento da União Europeia*

(Comissão Europeia, 1998), em contradição com o que se referiu há pouco, veio alertar para que "a introdução de um novo recurso próprio, qualquer que seja a sua natureza, tornará provavelmente o sistema de financiamento menos equitativo, dado a repartição do rendimento do novo recurso entre os Estados-Membros não corresponder provavelmente à repartição do PNB". Pergunta consequentemente "se não seria mais eficaz passar a um sistema inteiramente baseado nas contribuições do PNB" (agora do RNB), solução que além disso é de aplicação muito fácil e barata e garante sempre a suficiência de recursos[87].

Será pois inaceitável que se caminhe num sentido que não trará nada de melhor, pelo contrário, que nos afastará do caminho mais justo e mais favorável dos pontos de vista económico e financeiro que está a ser seguido agora (recorde-se a nota 80).

7. O "HAVER" E O "DEVE" DE CADA PAÍS

Julgamos ter sublinhado já devidamente que o projecto de integração europeia tem de ser um projecto ambicioso. Assim o exigem os nossos interesses e as nossas responsabilidades.

Neste quadro, compreende-se, é mesmo desejável, que cada país se empenhe na defesa dos seus interesses. Um progresso maior da Europa dependerá do pleno aproveitamento de todos os recursos, beneficiando pois com a riqueza das diversidades nacionais e regionais, bem como com as dinâmicas aqui verificadas.

Um maior equilíbrio não é aliás apenas no interesse dos países e das regiões menos favorecidos, justificado apenas por eles (já o lembrámos atrás, na alínea b) de 5.1). São também beneficiados os

---

[87] A preocupação com a regressividade do sistema e alguma sugestão no sentido de "o sistema de financiamento ser baseado na capacidade contributiva que deriva da riqueza relativa dos Estados-Membros expressa principalmente em termos de PNB" foi manifestada também nos trabalhos da Convenção, mas não ficou consagrada no texto proposto para a Constituição Europeia, que se limita a remeter, no artigo I-53, número 4, para "uma lei europeia do Conselho de Ministros", "após aprovação do Parlamento Europeu" (cfr. G. O. Martins, 2004, pp. 84-6).

países e as regiões mais ricos, sem os encargos sociais e financeiros de imigrações desnecessárias e com alargamentos muito significativos das oportunidades de mercado.

Trata-se de benefícios que, a par de muitos outros casos, podem ser ilustrados pelas adesões de Portugal e da Espanha, em 1986, e pelo alargamento mais recente, em 2004.

Dando o exemplo do nosso país, valerá a pena recordar que tínhamos em 1985 superave comercial com o conjunto dos dez países que já eram membros das Comunidades, tendo defice apenas com a Alemanha, a Itália e a Bélgica. Nos anos que se seguiram à adesão foram muito sensíveis os progressos verificados, com crescimentos anuais do PIB que chegaram a estar acima de 5%, do investimento acima de 10% e do investimento estrangeiro acima de 100%. Aconteceu contudo que passou a haver defice comercial com o conjunto dos referidos dez países (acentuou-se além disso o defice comercial com a Espanha), explicado pelo efeito indutor que aí se verificou, com compras de bens de consumo pelos consumidores portugueses (com o aumento dos rendimentos pessoais) e de bens de equipamento pelos nossos empresários (com o aumento do investimento). Num caso e no outro foram em muito maior medida empresários dos países e das regiões mais ricas a corresponder ao aumento das importações portuguesas, determinado pela nossa dinâmica e pela nossa convergência em relação à média comunitária.

A Comissão Europeia estimou que cada 100 ECU's de apoio dos fundos estruturais aos países da Península Ibérica terá tido um retorno de 46 ECU's para os países mais ricos. E, de facto, não nos consta que alguém tenha alguma vez afirmado que a nossa entrada tenha sido penalizadora para esses países mais favorecidos e em geral para as Comunidades; pelo contrário, foram muito positivas as avaliações gerais que foram feitas.

Quando começaram a perspectivar-se os alargamentos agora em curso, procedeu-se a vários estudos, dos quais o mais completo (cfr. Porto, 2001, pp. 469-80) terá sido um estudo de Baldwin *et al.* (1997), com a aplicação de um modelo de equilíbrio geral. Nos resultados a que os autores chegaram constata-se que do ganho que virá a ser proporcionado aos países já membros 33,8% caberá à Alemanha, seguida pela França, com 19,3%, e pelo Reino Unido, com 14,1%; havendo só um país penalizado, Portugal, como consequência da concorrência nos sectores têxtil e de vestuário (ainda que só com um prejuízo pequeno, de 0,06% do PNB). Considerando-se apenas as oportunidades de mercado, estimou-se que das vendas para os novos membros 50% seriam feitas pela Alemanha, 18% pela Itália e 8% pela França, cabendo a Portugal apenas 0,34% do total (com uma imagem em anos diferentes ver a figura A-3, em anexo, p. 99).

Apesar dos desequilíbrios espaciais (e pessoais) provocados pela PAC e pelo "cheque" britânico, são os seguintes, os balanços orçamentais dos países da União Europeia, entre 1992 e 2004 (figura 11)[87]:

---

[87] Trata-se obviamente de indicações com muito mais significado do que a mera indicação das participações financeiras dos países, tal como consta da figura que se segue (figura 10):

Figura 10
Contribuição nacional para o orçamento da UE por Estado-membro em 2004
(milhões de EUR)

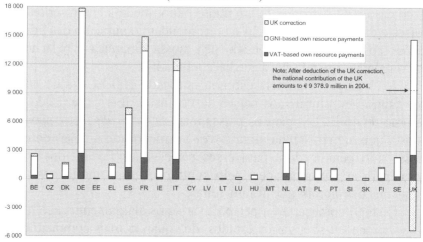

Fonte: Comissão Europeia (2005, p. 113)

É óbvio que um país com mais de 80 milhões de habitantes deve pagar mais do que países de 10 millhões ou 400 mil habitantes; devendo além disso ser óbvio que entre países com a mesma população deverão pagar mais os que sejam mais ricos.

Figura 11

O "haver" e o "deve" de cada país (em % do PIB nacional)

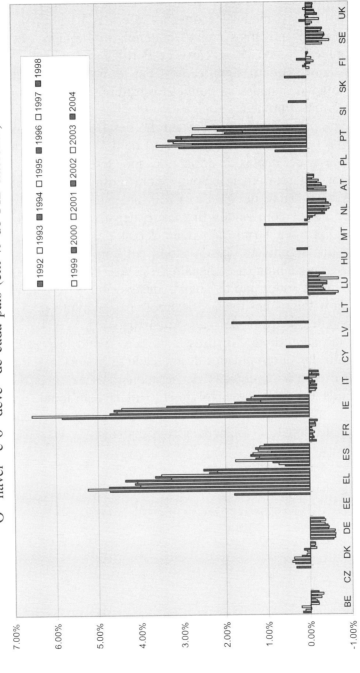

Fonte: Comissão Europeia (2005, p. 113)

Compreender-se-á que, apesar das consequências negativas de outras políticas e medidas (como as referidas há pouco), tenham saldos líquidos positivos (sejam beneficiários líquidos) os países mais "pobres", como são os casos de Portugal e da Grécia. Não são todavia valores muito significativos em termos gerais, ficando as verbas totais destinadas às políticas estruturais aquém de 0,3% do PIB da União Europeia.

O seu papel é todavia relevante no desenvolvimento das áreas de destino (sublinhámo-lo na alínea b) de 5.1.); e assim tem acontecido apesar de, depois de em alguns anos terem tido uma expressão maior, estarem em princípio (agora mesmo por determinação comunitária) abaixo de 4% dos PIB's nacionais.

Nos países com saldos financeiro negativos (os contribuintes líquidos), por seu turno, não pode deixar de impressionar o que esses saldos significam. Tendo vindo em geral a descer ao longo dos anos, em nenhum caso chegam a 1% dos PIB's nacionais. Estão mesmo quase todos muito abaixo deste valor e tem havido em vários anos saldos positivos a favorecer países muito ricos (o caso da Dinamarca será o caso mais "escandaloso").

Sendo além disso os países mais ricos muito favorecidos com o aumento das oportunidades de mercado (v.g. com o alargamento da UE) e com a diminuição de deseconomias externas e tensões conseguida com um desenvolvimento mais equilibrado, não são aceitáveis as reservas que continuam a pôr a um orçamento suficientemente dotado e financiado com equidade.

BIBLIOGRAFIA

ALLEN, David
— 2005 – *Cohesion and the Structural Funds. Competing Pressures for Reform?*, em Wallace, Wallace e Pollack (ed.), *Policy Making in the European Union*, cit., pp. 213-41

ANDERSON, Kym e TYERS, R.
— 1995 – *Implications of the EC Expansion for European Agricultural Policies, Trade and Welfare*, em Robert Baldwin, Pertti Haaparanta e Jaakko Kiander (ed.), *Expanding Membership of the European Union*, Cambridge University Press, Cambridge

AVILLEZ, Francisco
— 2004a – *A Agricultura da UE e o Alargamento*, em Fontoura e Crespo (org.), cit., pp. 123-39
— 2004b – *Política Agrícola Comum: Situação Actual e Perspectivas Futuras*, em Romão (org.), cit., pp. 159-82

BALDWIN, Richard, FRANÇOIS, Jean e PORTES, Richard
— 1997 – *The Costs and Benefits of Eastern Enlargement: the Impact on the EU and Central Europe*, em *Economic Policy*, n.º 24, pp. 125-76

BEGG, Ian
— 2004 – *The EU Budget: Common Future or Stuck in the Past?* Briefing Note do Centre for European Reform

CAMISÃO, Isabel e LOBO-FERNANDES, Luis
— 2005 – *Construir a Europa. O processo de integração entre a teoria e a história*, Princípia, Cascais

CAMPOS, João Mota de
— 2004 – *Manual de Direito Comunitário*, Fundação Calouste Gulbenkian, 4.ª ed., Lisboa

86   *O Orçamento da União Europeia*

COELHO, Carlos (coord.)
— 2005 – *Dicionário de Termos Europeus*, Aletheia, Lisboa
COGET, Gérard
— 1994 – *Les Resources Propres Communautaires*, em *Revue Française de Finances Publiques*, n. 45, pp. 51-96
COLOM I NAVAL, Joan
— 2000a – *El Presupuesto Europeo,* em F. Morata (ed.), *Políticas Públicas en la Unión Europea,* Ariel, Barcelona, cap. 1.º, pp. 31-86
— 2000b – *El Pressupoest de la UE em l' Horizón de la Propera Década*, em *Revista de Economia de Catalunya*
— 2005a – *Perspectivas del Presupuesto Europeo*, em *Criterios*, Outubro, pp. 57-79
— 2005b – *La Batalla pel Pressupost Europeu* e *El Pressupost de la UE*, em dcidob, Fundació Centre d'Informació i Documentació Internacionals a Barcelona, n.º 95, *Construcció Europea*, pp. 18-24
COMISSÃO EUROPEIA
— 1977 – *Relatório McDougal*, report of the Study Group on the Role of Public Finance in the European Community, SEC
— 1997 – *Agenda 2000. Para uma União mais Forte e mais Alargada* (COM (97) 2000, de 14 de Julho)
— 2000 – *Vade-mécum Orçamental*, Serviço de Publicações, Luxemburgo
— 2002 – *As Finanças Públicas da União Europeia*, Serviço de Publicações, Luxemburgo
— 2004a – *Construir o Nosso Futuro em Comum. Desafios Políticos e Recursos Orçamentais da União Alargada*, 2007--2013 (COM (2004) 101 final, de 10 de Fevereiro)
— 2004b – *Perspectivas Financeiras 2007-2013* (COM (2004) 487 final, de 14 de Julho)
— 2004c – *Uma Nova Parceria para a Coesão: Convergência, Competitividade, Coesão*, terceiro relatório sobre a coesão económica e social
— 2004d – *Financiamento da União Europeia, Relatório da Comissão sobre o funcionamento do sistema de recursos*

próprios, 2 vols. (COM (2004) 505 final, de 14 de Julho, corrigido a 6 de Setembro)

— 2004e – *Proposta de Decisão do Conselho relativa ao sistema de recursos próprios das Comunidades Europeias* e *Proposta de Regulamento do Conselho relativa às medidas de execução dos desequilíbrios orgânicos de acordo com os artigos 4.º e 5.º da Decisão do Conselho relativa ao sistema de recursos próprios das Comunidades Europeias* (COM (2004) 501 final, de 14 de Julho)

— 2004f – *Proposta de Regulamento do Conselho que estabelece disposições gerais relativas ao Fundo Europeu de Desenvolvimento Regional, ao Fundo Social Europeu e ao Fundo de Coesão* (COM (2004) 492 final, de 14 de Julho)

— 2005 – *Allocation of 2004 EU expenditure by Member State*, Budget Directorate-General, Bruxelas

— 2006 – *Orçamento Geral da União Europeia para o Exercício de 2006 – síntese Numérica*, Serviço de Publicações, Luxemburgo

COSTA, Carlos

— 1998 – *Agenda 2000: Uma proposta de Quadro Financeiro Comunitário para o Período 2000-2006. Contexto e Significado,* em Conselho Económico e Social, *Colóquio "Agenda 2000 da UE:" as suas implicações para Portugal,* série Estudos e Documentos, Lisboa

CUNHA, Arlindo

— 2000 – *A Política Agrícola Comum e o Futuro do Mundo Rural,* Plátano, Lisboa

— 2003 – *A Mediterranean Perspective of the CAP Mid Term Review*, em *Temas da Integração*, n.º 15-16, pp. 95-104

— 2004 – *A Política Agrícola Comum na Era da Globalização*, Almedina, Coimbra

— 2005 – *Fundo Europeu de Orientação e Garantia Agrícola-FEOGA* e *Política Agrícola Comum-FEOGA*, em Coelho (coord.), *Dicionário de Termos Europeus*, cit., pp. 165 e 241-2

CUNHA, Paulo de Pitta e

— 2005 – *A Crise da Constituição Europeia,* Almedina, Coimbra

DELORS, Jacques
— 2004 – *Mémoires*, Plon, Paris
DGREI (Direcção Geral das Relações Económicas Internacionais), Ministério da Economia
— 2002 – *O Alargamento da UE. Reflexão no Ministério da Economia*, Lisboa
DUARTE, Maria Luísa
— 2000 – *A Aplicação Jurisdicional do Princípio da Subsidiariedade no Direito Comunitário – Pressupostos e Limites,* em Faculdade de Direito da Universidade de Lisboa, *Estudos Jurídicos e Económicos em Homenagem ao Professor João Lumbrales,* Coimbra Editora, Coimbra, pp. 779-813
— 2001 – *Direito da União Europeia e das Comunidades Europeias*, vol. I, tomo I, Lex, Lisboa
DURAND, Guillaume
— 2004 – *Putting EU Finances in Perspective*, The European Policy Centre, Bruxelas
ECONOMIST (THE)
— 1999 – *Economics. Making Sense of the Modern Economy*, Londres
FONTOURA, Maria Paula e CRESPO, Nuno (org.)
— 2004 – *O Alargamento da União Europeia. Consequências para a Economia Portuguesa*, Celta, Oeiras
FRANCO, António L. Sousa
— 1992 (03) – *Finanças Públicas e Direito Financeiro*, 2 vols., Almedina, Coimbra (reimpressão de 2003)
FRANCO, António L. Sousa, Lavrador, Rodolfo V., CALHEIROS, J. M. Albuquerque e CABO, S. Gonçalves do
— 1994 – *Finanças Europeias*, vol. I, *Introdução e Orçamento*, Almedina, Coimbra
GASPAR, Vitor e ANTUNES, António José Pais
— 1986 – *A Descentralização das Funções Económicas do Estado,* em *Desenvolvimento Regional*, Boletim da Comissão de Coordenação da Região Centro, n.º 23, 2.º semestre, pp. 9--37
GORJÃO-HENRIQUES, Miguel
— 2005 – *Direito Comunitário*, Almedina, 3.ª ed., Coimbra

HAUG, Jutta
— 1999 – Relatório apresentado no Parlamento Europeu (A4-
-0105/99)
JÉGOUREL, Yves
— 2002 – *La Taxe Tobin,* La Découverte, Paris
KAMP, Martin
— 2005 – *Organismo Europeu de Luta Anti-Fraude-OLAF,* em
Coelho (coord.), *Dicionário de Termos Europeus,* cit., p. 218
LAFFAN, Brigid e LINDNER, Johannes
— 2005 – *The Budget. Who Gets What, When and How?,* em
Wallace, Wallace e Pollack (ed.), *Policy-Making in the
European Union,* cit., pp. 191-212
LE CACHEUX, Jacques
— 2005 – *Budget Européen: Le poison du juste retour,* em Notre
Europe, *Études et Recherches,* n.º 41 (Junho), Paris
LECHANTRE, Marc e SCHAJER, David
— 2004 – *Le Budget de l'Union Européenne,* La Documentation
Française, Paris
LINDNER, Johannes
— 2006 – *Conflict and Change in EU Budgetary Politics,*
Routledge, Londres
LOPES, António Calado
— 2004 – *O Alargamento e a Economia da União Europeia.
Qual o Impacto em Portugal?,* Tribuna, Lisboa
LOYAT, Jacques e PETIT, Yves
— 2002 – *La Politique Agricole Commune (PAC),* 2.ª ed., La
Documentation Française, Paris
MAHÉ, Louis-Pascal e ORTALO-MAGNÉ, François
— 2001 – *Politique Agricole Commune (PAC),* La Documentation
Française, Paris
MAIOR, Paulo Vila
— 1998 – *Integração Económica Europeia: Teoria e Prática,*
Universidade Fernando Pessoa, Porto
MAJONE, Giandomenico
— 1996 – *Regulating Europe,* Routledge, Londres

Martins, Ana Maria Guerra
— 2004 – *Curso de Direito Constitucional da União Europeia*, Almedina, Coimbra

Martins, Guilherme Oliveira
— 2004 – *Que Constituição para a União Europeia? Análise do Projecto da Convenção*, Gradiva, Lisboa

Martins, Margarida Salema d'Oliveira
— 2003 – *O Princípio da Subsidiariedade em Perspectiva Jurídico-Política*, Coimbra Editora, Coimbra

Melo, António Barbosa de e Porto, Manuel Lopes
— 2002 – *A Regra da Anualidade na Contabilidade Pública Portuguesa*, separata do Volume Comemorativo do *Boletim da Faculdade de Direito* da Universidade de Coimbra

Monod, Jérôme e Castelbajac, Philipe de
— 2004 – *L´aménagement du Territoire*, PUF, col. Que sais-je?, Paris

Moussis, Nicholas
— 2005 – *Access to European Union.Law, Economics, Policies*, 14.ª ed., European Study Service, Bruxelas

Musgrave, Richard
— 1959 – *The Theory of Public Finance*, McGraw-Hill, Nova Iorque

Musgrave, Richard e Musgrave, Peggy
— 1989 – *Public Finance in Theory and Practice*, 5.ª ed., McGraw-Hill, Nova Iorque

Niet Solis, José António
— 2004 – *Consecuencias Financieras de la Ampliación: Siete Cuestiones Básicas*, em *Cuadernos Europeos de Deusto*, n.º 31, pp. 137-55

Oates, Wallace
— 1972 – *Fiscal Federalism*, Harcourt Brace Javanovich, Nova Iorque

Pereira, Paulo Trigo, Afonso, António, Arcanjo, Manuela e Santos, José Carlos Gomes
— 2005 – *Economia e Finanças Públicas*, Escolar Editora, Lisboa

Pires, Catarina
— 2001 – *O Fim da 'Riqueza das Nações'? – Algumas Reflexões a Propósito da Globalização Financeira,* em *Boletim de Ciências Económicas* da Faculdade de Direito da Universidade de Coimbra, vol. 44, pp. 243-48

Porto, Manuel C.L.
— 1988 – *Do Acto Único à "Nova Fronteira" para a Europa,* separata do número especial do *Boletim da Faculdade de Direito* da Universidade de Coimbra *Estudos em Homenagem ao Prof. Doutor Afonso Rodrigues Queiró*
— 1999 – *A Europa no Dealbar do Novo Século,* Intervenções Parlamentares, Grupo PPE (PSD), Coimbra
— 2001 – *Teoria da Integração e Políticas Comunitárias,* 3.ª ed., Almedina, Coimbra
— 2002 – *Os Méritos e os Deméritos de um Imposto Geral sobre a Energia,* em *Boletim de Ciências Económicas* da Faculdade de Direito da Universidade de Coimbra, vol. 45, pp. 907-25
— 2004 – *Economia – Um Texto Introdutório,* 2.ª ed., Almedina, Coimbra
— 2006 – *As Perspectivas Financeiras para 2007-2013,* em *Livro de Homenagem ao Dr. José Guilherme Xavier de Basto,* Coimbra Editora (no prelo)

Quadros, Fausto de
— 1995 – *O Princípio da Subsidiariedade no Direito Comunitário após o Tratado da União Europeia,* Almedina, Coimbra
— 2004 – *Direito da União Europeia,* Almedina, Coimbra

Quelhas, José Manuel Santos
— 1998 – *A Agenda 2000 e o Sistema de Financiamento da União Europeia,* em *Temas de Integração,* n.º 5, 1.º semestre, pp. 53-109

Quelhas, José Manuel, Lavouras, Maria Matilde e Fonseca, Hugo Duarte
— 2006 – *Legislação de Finanças Públicas de Portugal e da União Europeia,* Almedina, Coimbra

Ribeiro, José Joaquim Teixeira
— 1997 – *Lições de Finanças Públicas,* 5.ª ed., Coimbra Editora, Coimbra

RIEGER, Elmar
— 2005 – *Agricultural Policy. Constrained Reforms*, em Wallace, Wallace e Pollack (ed.), *Policy-Making in the European Union*, cit., pp. 161-90

ROMÃO, António (org.)
— 2004 – *Economia Europeia*, Celta, Oeiras

SAPIR, André, AGHION, Philippe, BERTOLA, Giuseppe, HELLWIG, Martin, PISANI-FERRY, Jean, ROSATI, Dariusz, VIÑALS, José e WALLACE, Helen (Relatório Sapir)
— 2004 – *An Agenda for a Growing Europe. The Sapir Report*, Oxford University Press, Oxford

SENIK-LEYGONIE, Claudia
— 2002 – *L'Elargissement à L'Est: Risques, Coûts et Bénéfices*, em Étienne Farvaque e Gäel Lagadec, *Intégration Économique Européenne: Problèmes et Analyses,* De Broek, Bruxelas, pp. 287-306

SILVA, Aníbal Cavaco
— 2004 – *Autobiografia Política*, vol. 2, *Os anos de Governo em maioria*, Temas e Debates, Lisboa

STECKEL-MONTES, Marie-Christine
— 2005 – *L'Essentiel des Finances Publiques Communautaires*, Gualino, Paris

STIGLER, George
— 1957 – *Tenable Range of Functions of Local Government*, em Joint Economic Committee, Sub-Committee on Fiscal Policy, *Federal Expenditure Policy for Economic Growth and Stability*, Washington

STRASSER, Daniel
— 1990 – *Les Finances de l'Europe*, 6.ª ed., Librairie Générale de Droit et Jurisprudence, Paris.

WALLACE, Helen, WALLACE, William e POLLACK, MARK A.
— 2005 – *Policy Making in the European Union*, 5.ª ed., Oxford University Press, Oxford

ANEXOS

Quadro A-1

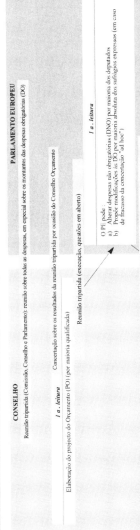

Fonte: Comissão Europeia (2000, p. 8)

Figura A-1
Políticas internas

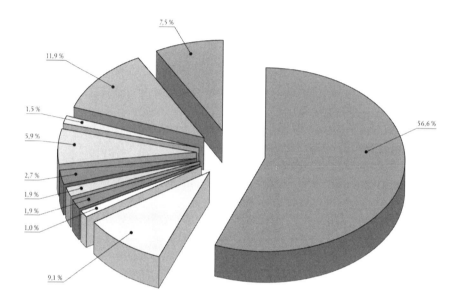

Rubrica 3: Políticas internas	Orçamento 2006
Sexto programa-quadro de investigação e desenvolvimento tecnológico	5 306,23
Educação e cultura	857,43
Assuntos económicos e financeiros	96,64
Emprego	174,66
Empresas (fora do sexto programa-quadro)	174,28
Ambiente	252,08
Justiça e assuntos internos	549,10
Saúde e defesa dos consumidores	144,80
Energia e transportes (fora do sexto programa-quadro)	1 116,19
Outros	701,32
Total	**9 372,71**

(em milhões de euros)

Fonte: Comissão Europeia (2006, p. 20)

Anexos

Figura A-2
Acções externas e estratégia de pré-adesão

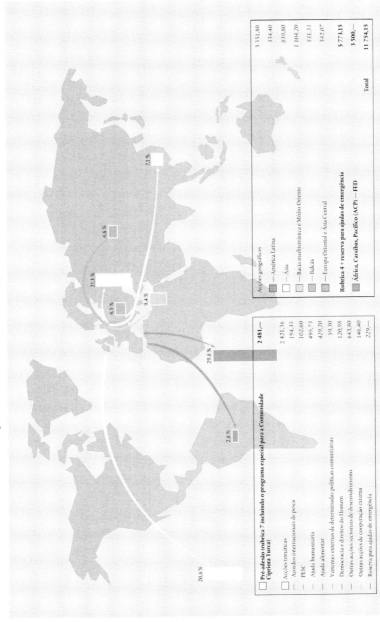

Fonte: Comissão Europeia (2006, p. 21)

Quadro A-2

Panorâmica Geral do novo Quadro Financeiro 2007-2013 (proposta de Fevereiro de 2004)

Milhões de € a preços de 2004

DOTAÇÕES DE AUTORIZAÇÃO	2006 (a)	2007	2008	2009	2010	2011	2012	2013	TOTAL 2007/2013
1. Crescimento sustentável	**47.582**	**59.675**	**62.795**	**65.800**	**68.235**	**70.660**	**73.715**	**76.785**	**480.665**
1a. Competitividade para o crescimento e para o emprego	8.791	12.105	14.390	16.680	18.965	21.250	23.540	25.825	132.755
1.b Coesão para o crescimento e para o emprego	38.791	47.570	48.405	49.120	49.270	49.410	50.175	50.960	344.910
2. Gestão sustentável e protecção dos recursos naturais	**56.015**	**57.180**	**57.900**	**58.115**	**57.980**	**57.850**	**57.825**	**57.805**	**404.655**
dos quais: agricultura, despesas ligadas ao mercado e pagamentos directos	43.735	43.500	43.673	43.354	43034	42.714	42.506	42.293	301.074
3. Cidadania, liberdade, segurança e justiça	**1.381**	**1.630**	**2.015**	**2.330**	**2.645**	**2.970**	**3.295**	**3.620**	**18,505**
4. A EU enquanto parceiro mundial (c)	**11.232**	**11.400**	**12.175**	**12.945**	**13.720**	**14.495**	**15.115**	**15.740**	**95.590**
5. Administração (d)	**3.436**	**3.675**	**3.815**	**3.950**	**4.090**	**4.225**	**4.365**	**4.500**	**28.620**
Compensações	**1.041**								
Total dotações para autorizações	**120.688**	**133.560**	**138.700**	**143.140**	**146.670**	**150.200**	**154.315**	**158.450**	**1025.035**
Total dotações para pagamentos (b) (c)	**114.740**	**124.600**	**135.500**	**127.700**	**126.000**	**132.400**	**138.400**	**143.100**	**927.700**
Dotações de pagamentos em percentagem do RNB	1,09%	1,15%	1,23%	1,12%	1,08%	1,11%	1,14%	1,15%	1,14%
Margem disponível	0,15%	0,09%	0,01%	0,12%	0,16%	0,13%	0,10%	0,09%	0,10%
Tecto de recursos próprios em percentagem do RNB	1,24%	1,24%	1,24%	1,24%	1,24%	1,24%	1,24%	1,24%	1,24%

(a) As despesas de 2006 no âmbito das actuais perspectivas financeiras foram discriminadas de acordo com a nova nomenclatura proposta para referência e para facilitar as comparações.

(b) Inclui as despesas para o Fundo de Solidariedade (mil milhões de euros em 2004 a preços correntes) a partir de 2006. No entanto, os pagamentos correspondentes são calculados apenas a partir de 2007.

c) Parte-se do princípio que a integração do FED no orçamento da UE terá efeito em 2008. As autorizações para 2006 e 2007 são incluídas apenas para efeitos de comparação. Os pagamento relativos a autorizações anteriores a 2008 não são tidos em conta nos números relativos ao pagamento.

(d) Inclui as despesas administrativas para outras instituições que não a Comissão, pensões e escolas europeias. As despesas administrativas da Comissão estão integradas nas primeiras quatro rubricas de despesas.

Fonte: Comissão Europeia (2004a, p. 33)

Anexos

Figura A-3
Comércio de mercadorias da UE com os Países do Alargamento
Peso relativo dos Estados-Membros 1996 e 2000
(em percentagem)

Entrada origem países do alargamento

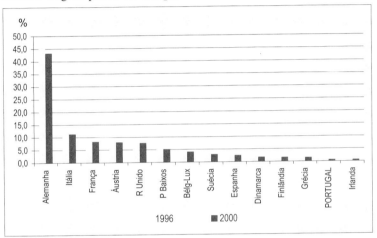

Saída destino países do alargamento

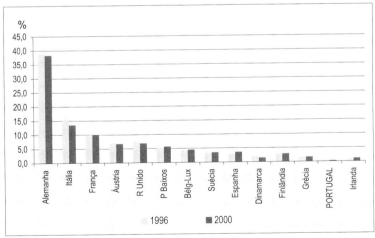

Fonte: DGREI (2002, p. 93)